経済オンチでもわかる！日本を好景気にするこれだけの提言

髙橋洋一
Yoichi Takahashi

三交社

まえがき

今もなお思い出されるのは2022年7月8日、安倍晋三さんが亡くなったことです。たしかあれは金曜日で新幹線に乗っていて、銃撃されたとの一報を聞いたときには腰を抜かさんばかりに驚きました。

土曜の大阪のテレビ番組『正義のミカタ』に出演するため、ホテルに宿泊したのですが、その前に奈良まで行こうかと思ったりもしました。

次の日の収録が終わった後すぐに、近鉄線で大和西大寺駅前の現場へ行って献花をしました。現在あの場所は、市長の判断で慰霊のモニュメントなどを建てることなく、事件以前の計画通りに一般の車道として整備されました。その感覚が私にはよくわかりません。

東京駅でも原敬と濱口雄幸の暗殺された場所にはモニュメントがあります。そのような前例があるにもかかわらず、安倍さんに関してそれをつくらないということにはちょっと驚いています。

献花をした後に東京に帰って、次の日にどうしていいのかわからなくてご自宅に連絡をすると「髙橋さん、来てください」と言われたので自宅までうかがいました。ご遺体の30センチくらいのところまで近づいて最後のお別れをしました。

そうして帰るときにもまだ私は気が動転したままで、自分の履いてきた靴がわからなくなってしまいました。安倍家総出で探してくれて、「髙橋先生でもこういうことがあるんですか?」などといわれました。

その次の日は、芝の増上寺で行われたお通夜と告別式に行きました。

亡くなる直前まで、直接電話で話したりもしていましたから、信じられないような気持ちでした。

安倍さんは亡くなる少し前の5月に、政府から見た日本銀行との関係を「子会社のようなもの」といって叩かれることになりましたが、あれはまったく正しい言い方でした。

安倍さんは本当に財政に理解のある人で、新型コロナ対策でも結果的におよそ100兆円を使ったのですが、それを増税なしで実現しています。今の岸田政権だったらきっと「100兆円のコロナ増税」になっていたでしょう。

そこを安倍さんは、日本銀行をうまく使ってやりました。その頃に安倍さんから「髙橋さん、これは政府日銀の連合軍という言い方でいい?」といわれて、私が総理に対して言葉遣いがダメだとも言えるわけがないし、内容としては正しいのだから「連合軍であることに間違いはないですよ」と答えたものでした。

「連合軍」という言い回しはいかにも安倍さんらしいと思いました。

そんな電話もつい最近のことのように思い出されます。

安倍さんが日本経済回復の道筋をつけたことは間違いありません。

前政権からの約束でやむなく行った消費増税や、新型コロナショックによって一時頓挫することにはなりましたが、菅義偉内閣でもアベノミクスを継続したことで、これを続ければ確実に日本はいい方向へ進んでいくはずでした。

しかし岸田政権では、少なくとも金融財政政策においては、真逆の道を進もうとしています。このままではまた、暗黒の時代が訪れることになりかねません。

私には安倍さんのように政府そのものを動かす力はありませんが、少しでも日本がよくなるためにこうして筆を執り、ユーチューブなどのメディアでの発信を続けていくつもりです。

第三章 2023年日本経済の大問題

第四章 マスコミの大問題

第五章　2023年をうまく生き抜くための基礎知識

第一章
岸田政権の大問題

防衛増税に揉める自民党

２０２３年度通常国会初日の1月23日に行われた施政方針演説のなかで、岸田文雄総理大臣は「財源は先送りしない」と言いながら、増税のことには触れませんでした。岸田さんは、防衛費増額に伴って不足する財源については国会審議を通じて丁寧に説明していくと言いましたが、そうであれば施政方針演説で説明すればいいのです。

そうしなかったのは、自民党内の特命委員会で萩生田光一さんが防衛費の財源を検討していて防衛増税についてはまだ結論が出ていなかったからだ、という見方もできます。しかしその一方で「防衛増税は２０２４年からの実施としているから今国会では言及しなくてもいい」という考え方もあるでしょう。

とはいえ、国会が始まっているのに特命委員会を開くのはかなり珍しいことでした。防衛財源確保法案が「まだ自民党内で揉めていて生煮えだ」と言っているようなものだからです。通常であれば前年の税制調査会で決定して、すっきりした状態で施政方針演説に盛り込まれることになります。財源確保法案は出されるにしても自民党内でまだ揉めている生煮えのままでは、そこを野党に「検討の段階で固まっていないような法案をなぜ出すのか」と追及されることになってしまいます。野党である立憲民主党と日本維新の会は、この通常国会開催前に増税反対で一致する方針を固めていましたから、ヘタに増税の話はできないということだったのでしょう。

財源確保法案自体はすでにあって、そこでは「防衛力強化資金をつくる」としていました。そこをどのように書くのかということで自民党内では揉めていたわけですが、国会審議を行いながら与党内がまだ議論しているというのはなかなか面白いことでした。本来ならば与党内でまず法案の審議があって、そこで固まったものが内閣提出法案として出されます。そうして与党内では決着がついているから、その法案はすんなり国会を通過していくのですが、増税についてはそうはいきませんでした。

菅義偉前総理も「防衛増税については唐突だ」と言っています。事前の根回しがあったうえで、正々堂々と財源確保法案のなかに書き込まれるということが防衛増税に関してはできなかったわけです。

増税からの方針転換となったときには、２０２３年度の本予算も組み替えなければいけない。組み替えしないと予算が通らないという話になれば大変です。それが国会の本来あるべき姿だと言われればその通りなのですが、しかしそうなってしまうと予算を策定した財務省の威信に関わってくるので、どうしても認められないのです。

防衛費の増額が、日本にとって避けては通れない問題であることには違いありません。

2022年2月にロシアのウクライナ侵攻が始まると、すぐに安倍さんは「台湾有事は日本有事」と言いました。

実際、同年8月にアメリカのナンシー・ペロシ下院議長が台湾を訪れた際に、中国は海上封鎖をして日本の排他的経済水域（EEZ）へミサイル5発を打ち込んできました。「台湾有事は日本有事」という安倍さんの考えが改めて証明されたわけです。

こうしたことが同年12月の防衛3文書改定につながっていきました。防衛3文書のうちの国家安全保障戦略はもともと安倍さんが2013年につくったものがひな形になっています。そうした先見の明が安倍さんにはありました。

ただし、そのときは北朝鮮を主眼にしたもので、ロシアや中国についてはそれほど意識をしていませんでした。そこから状況が変わってロシア、中国、北朝鮮の3カ国が対象になりましたが、こうしたことも安倍さんはすべてを見通していたように思います。

その一方で岸田政権ではその逆。まるで先のことが見えていないように感じられて仕方がありません。

防衛3文書

防衛3文書とは、国の安全保障に関する「国家安全保障戦略」、「国家防衛戦略」、「防衛力整備計画」を指します。

政府は防衛力の抜本的な強化に向けて、これまでの「防衛計画の大綱」を「国家防衛戦略」へ、「中期防衛力整備計画」を「防衛力整備計画」へと名称変更を行っています。

その中身について私としては、非核三原則と専守防衛のところはまだ国際基準からすると弱いように思いますが、それでも他の部分については評価しています。

仮想敵国を北朝鮮だけとしていたときに比べて、改定後のものはロシア、中国、北朝鮮の3国を想定しているように読めます。これは当然といえば当然のことで、2013年のときからはロシア状勢が激変しましたし、中国の台湾侵攻も現実味を帯びてきました。中国とロシアが一緒になって、日本の近くで共同演習をしているくらいですから、仮想敵国とするのは当然のことでしょう。

以下に防衛3文書の概要を記します。

■防衛3文書の変更点など概要

●「国家安全保障戦略」……外交・防衛の基本方針を定めたもの。2013年に初めて策定され、今回初めて改定された。「積極的平和主義」を基本理念として国際社会の平和と安定に寄与することを掲げる一方で、核・ミサイル開発を加速する北朝鮮は「従前よりも一層重大かつ差し迫った脅威」、ウクライナ侵略をしたロシアは「中国との戦略的な連携と相まって、安全保障上の強い懸念」、中国の対外姿勢や軍事動向については「国際社会の深刻な懸念事項」と明記した。

●「国家防衛戦略」……これまでの「防衛計画の大綱」にかわって策定された。日本の防衛力整備の指針を示すもので、防衛力のあり方や保有すべき水準を規定している。1976年に三木武夫内閣が閣議決定して以降6回目の改定。ミサイル迎撃能力だけでは対応が難しくなりつつあることを指摘し、「有効な反撃を加える能力を持つことにより、武力攻撃そのものを抑止する」と盛り込んだ。反撃能力については「必要最小限度の自衛の措置」であり専守防衛の方針にかわりないとしたうえで、日米が協力して反撃能力を使用するものとしている。

●「防衛力整備計画」……これまでの「中期防衛力整備計画」から名称を変更。「防衛大綱」に基づいて具体的な装備品の整備の規模や防衛費の総額などを定めている。2019

年度から5年間の防衛力整備の水準は総額27兆4700億円程度としていたが、これを2024年からの5年間で43兆円に引き上げた。侵攻してくる相手方の艦艇などに対して離れた位置から対処を行えるようスタンド・オフ防衛能力強化に取り組むためのF－35A戦闘機に搭載するスタンド・オフ・ミサイルの導入や、島嶼防衛用高速滑空弾の研究開発などを決定した。また敵の射程圏外から攻撃できるスタンド・オフ・ミサイルとしてアメリカの巡航ミサイル「トマホーク」の配備も盛りこまれた。

世論からかけ離れた朝日新聞の防衛意識

日本の防衛政策をきちんと知りたいのであれば、こういったものについてはせっかく全文が公表されているのだから、それをきちんと読んだほうがいい。しかし、なかなかそこまでの余裕がないという人も多いでしょう。

そうしたときにどのような理解をすればよいか。ノウハウとしては、まず新聞の社説を読むことです。

社説はその新聞社が正式に意見として出しているもので、1人の論説委員が書いたものであっても社内でいろいろとチェックが入ります。他の新聞記事は単に取材をして書かれたものですが、社説にはそれぞれに新聞社としての意図が込められているため、それを読むことは結構意味のあることだと言えます。

できれば朝日、毎日、読売、産経の4紙を読むのがいいでしょう。社説ならそれほど長文ではありませんし、これらは全部ネットで読むことができます。

朝日と毎日は左派で、読売と産経は右派ですから、これらを読めば両方の意見を知ることができます。4紙を全部読むのが大変なら、左右いずれかの方向性が明確な朝日と産経を読むというやり方もあります。

では防衛3文書についてのそれぞれの意見はどうだったのか。朝日と産経それぞれのタイトルを比べてみます。

朝日新聞社説「防衛費の増額　看過できぬ言行不一致」

産経新聞社説「安保3文書の決定　平和守る歴史的大転換だ　安定財源確保し抑止力高めよ」

朝日新聞の社説のタイトルをみれば、すぐに政権批判をしているのだとわかります。それを最初に掲げておいて、直後には「身の丈を超えた内容を詰め込み、肝心の財源は実体を欠くままでの見切り発車になった。重大な言行不一致であり、看過できない」と徹底的に貶し、とにかく「防衛費を上げるのはけしからん」と言っているだけの内容になっています。

さらに「増税も、法人税や所得税などを上げる枠組みは固めたが、自民党内の猛反発で実施時期は決めなかった。先送りに等しい。防衛費の大幅な増額を声高に求めながら、増税の話には及び腰になる自民党議員は無責任の極みだが、これを財源確保と称する首相も大同小異である。さらに首相は、戦後初めて防衛費に建設国債を充てる方針を決めた。隊舎や倉庫などの施設整備を念頭に置いているようだが、歴代政権の不文律を破り、野放図な軍拡への歯止めをはずすことになる」とし、つまり防衛増税も防衛国債も大反対ということで非常にはっきりしています。

とにかく周辺諸国に不安要素がいくらあっても防衛費は増やすな、増やせば周辺国を刺激するから止めろというのが朝日新聞の見解であり、増税もけしからんけれど防衛費を増やすこともけしからんという、わかりやすいといえばわかりやすい主張です。

どんなに周りに狂暴犯がいても温かく接しろというのが朝日の考え方であり、そのことが社説で明確に示されています。

その意味では毎日も似たり寄ったりで、こうした新聞を読んでいる人たちが「防衛費を上げるのはけしからん」と言っているわけです。

ただし、いろいろな世論調査をみると「防衛費を上げるのもある程度は仕方がない」「しかし防衛増税はけしからん」という意見がマジョリティを占めるものも多く、そうすると朝日的な考えは、現在の日本において必ずしも主流ではないのだろうと考えられます。

「増税＝防衛意思の表れ」ではない

他方、産経の社説は防衛3文書に肯定的であることがタイトルからもわかります。

社説の要点は、「平和を守る抑止力を格段に向上させる歴史的な決定を歓迎したい。政府の最大の責務は国の独立と国民の生命を守り抜くことだ。岸田首相が決断し、与党と協力して、安倍晋三政権でさえ実現できなかった防衛力の抜本的強化策を決めた点を高く評価する」という部分で、これは保守系の人たちの標準的な意見でしょう。

ただし、増税については意見の異なる人も少なくないかもしれません。産経の社説は増税に肯定的で「残念なのが、自民党内からの反発などで防衛増税の実施時期が確定しなかった点だ。周辺国の政府や軍が日本の防衛意志は弱いとみなすことを恐れる。令和10年度以降も相当額の防衛費が必要で安定財源の手当ては重要だ。自民党議員は大局観を持つべきで、抑止力を高める防衛費を確保する責任を忘れてはならない」としています。つまり防衛費増も増税もやれということです。

産経は、増税を行うことで政府の意思をはっきりと示すことができるというのですが、しかし防衛予算はある時期にすごく大きくなるような性質のものです。だからこのような予算は「課税の平準化」といって、広く薄く各世代で負担するために、まずは国債でまかなっておいて、その後に各世代の人たちが少しずつ分割で負担していくというのが一般的な考え方です。それを増税でやるというのだから産経もこの点ではとんでもない論調といえるでしょう。

財源が確保できるのであれば税金でなくともいいわけで、産経の「増税でなければいけない」という論は間違っています。ドイツでもウクライナ情勢を受けて防衛費を増やしますが、そのために設けられた特別基金は国債でまかなわれます。

どこの国でも特別に防衛強化する場合はだいたいが国債でまかなっています。それが常識であり、このときに防衛意思が強いとかなんとかは関係ない。いったい産経新聞はなにを言っているのかと、こういう文章を見て思います。

防衛費増に対処するには防衛国債がもっとも正当なやり方であり、当面をしのぐということであれば外為特会の評価益を防衛費に回す方法もあります。また「債務償還費」といって国債の一般会計に繰り入れているお金が16兆円ぐらいあるので、とりあえずこれを使うこともできます。

国債60年償還ルールは不要

防衛増税について自民党内できちんとまとまらなかったのは、防衛費の拡大に充てるための財源が、増税以外にもあることを萩生田さんをはじめとする人たちが主張したからでした。その一つに関係してくるのが国債の「60年償還ルール」です。

予算のなかには国債費という科目があって、令和5年度は25兆円ぐらいになります。この国債費は「債務償還費」と「利払い費」にわけられます。

利払い費というのは国債につく利息の支払いに回されるものですが、では債務償還費というのは、なにか。

債務償還費は当予算でおよそ16兆円あります。これは一般会計からの支出になるのですが国民のために使われるわけではなく、国債整理基金特別会計という政府のなかの別のポケットに繰り入れられます。それはどういうことか、なぜこの金額なのかというと、政府が発行した国債全体の60分の1を積んでおくという意味です。つまり政府が発行した長期国債を60年かけて完全に償還するということで、たとえば10年国債を6兆円発行した場合、10年後の満期には1兆円を完全に償還したうえで、残り5兆円分については、10年の借換債を発行して借り換えていくというやり方になります。

これを民間の何かに例えるのは難しい。たとえば銀行から借り入れた借金の元本返済をするときに、借金はそのままで元本返済のために新たに借り入れをして貯金するというのと同じことだからです。元本返済に備えるために新たな借金をして、それを返済に充てることなく現金で持っておくなどということはふつうはやりません。

そんな不思議なルールを一時的に撤廃して、国債整理基金特別会計を防衛力強化資金に繰り入れれば、防衛増税の必要はなくなります。

予算として一般会計の歳出は立っていますから、国債整理基金特別会計として国のポケットに繰り入れる……言ってみれば右のポケットから左のポケットへ移動させるようなものなのですが、これを止めて、今は防衛力強化資金が必要なのだから左のポケットに入れるぶんを防衛資金に繰り入れればいい。そうすると防衛財源確保法案はほとんど意味がなくなるし、防衛増税の話も不要になります。

岸田さんや財務省は「国債整理基金特別会計を他に繰り入れたら国債の信用が棄損されて暴落する」などと言うのだけれど、私は財務省のなかでこれを何回も破ってきました。

過去に財務省は11回、60年償還ルールを撤廃していて、そのうちの3回くらいは私の関係したものです。財務省からは「それをやると国債が暴落する」と言われましたが、「そんなことはない」と言って進めて、現実にも暴落はしていません。

これまで11回やって問題のなかったことの12回目を行うかどうかという、それだけの話なのです。

他の先進国をみても「60年償還ルール」で、償還費を積んでいる国はありません。そもそも元本返済のために貯金をしようという発想がふつうはありません。

今から30年以上も前、私は大蔵省の国債課という部署で課長補佐をしていたのですが、国際会議に出席したときに政府の公式見解として「日本は国債償還について60年のルールがありまして」と話したところ、他国の参加者たちからクスクスと笑われました。そうして会議の後に他国の知り合いから「償還のための基金（英語ではsinking fund）というのは、かつて俺の国にもあったけど、積み立てるために余計な借金をするなんてあまりにも非合理的だから止めたよ」「日本の大蔵省の官僚は毎年『これがあるから日本の国債は大丈夫だ』というんだけど、そんなものはウソだよ」と言われて、私は恥ずかしくてしょうがありませんでした。たしかに昔はアメリカをはじめとした各国にこうしたルールがありましたが、今はみんな止めています。積み立てなどしなくとも償還期日になったら借り換えればいいのですから、それは当然の話です。つまり60年償還ルールなどは意味がないのです。

しかし日本だと財務省の息がかかったような大学の先生たちは、いまだにそういったことを講義でやっていて、教科書にも書いています。しかし「なんでそんなルールがあるのですか？」「他の国にもそのルールはあるのですか？」と質問しても、まともには答えられないはずです。

そんなムダな予算が16兆円あるのだから、これを防衛費など他のことに使っても大丈夫だというロジックで防衛増税を止めようというのが萩生田さんたち特命委員会のやっていたことなのです。

このような償還費を積んでおく減債制度は地方債にもあって、私は総務省へ行ったときにこれを止めようと言いました。ところが総務省の官僚は「財務省がやっているから止められません」と言うのです。役人のなかにはルールに従わないことは不安でできないという人が多く、そこに理屈はありません。

国債の債務管理の話は数学的な合理性に依存するものですから、文系の官僚では手に負えない。だから債務省のようなものをつくってプロフェッショナルに管理させたほうがいいし、他のだいたいの国ではそうなっています。

もしも萩生田さんのやっていることが地方にまで波及すれば、地方全体では減債のお金が15兆円ぐらいあります。これを地方の財源にするといえば統一地方選挙でも目玉の政策となったはずです。国民のためにもこんな制度は早く止めたほうがいい。

「償還費用を積み立てておかないと国債償還が滞るではないか」と言うけれど、国債整理基金特別会計では借換債という国債を出せるのだから、何の問題もありません。償還資金のための借換債を出せばいいだけなのです。

それでも財務省は、メンツにかけて予算の組み替えには絶対に反対です。しかし国民からすると「いきなり増税ではなく、他に予算のあてがあるならまずはそちらをやってほしい」と思うでしょう。

加えていえば、増税という大きなテーマについては、それを実行する前に衆院解散があってしかるべきです。しかし岸田さんは「どのように国民に信を問うかは、ときの総理大臣の専権事項として適切に判断する」と言うだけで、どうにもはっきりとしません。

岸田賃上げ要請の愚かさ

2023年1月5日、岸田首相は経団連など経済3団体が催した新年祝賀会でのあいさつのなかで、「インフレ率を超える賃上げの実現をお願いしたい」と要請しました。

インフレ率を超える賃上げをしたいというときに、これを実現することは経済理論からすると簡単なことで、マクロ経済学の基本の「き」です。

失業率を一番下げるところにインフレ目標を置いて、そこをある程度維持していけば賃金はどんどん上がっていくものなのです。

では、そのときに賃金がどれぐらい上がるか。インフレ率にいろいろな技術進歩や生産性向上などを含めたその国の実力を示すような指標がプラスされて、今の日本の経済状況だとインフレ率＋1〜2％ぐらいのところで賃金のアップ率は決まります。

インフレ目標を達成すれば、その後には自然と賃金上昇が起こる。では岸田さんがどんな経済政策を行っているのかといえば、今は増税不可の状況にありながら増税をしようとしているし、利上げもしようとしています。これはインフレ目標達成からどんどん遠ざかる政策です。

そうすると失業率が少しずつ上がってきて、そうなったときに企業の経営者は、余っている労働力を使えばいいだけなのでほとんど賃上げをする必要がありません。景気が拡大していて労働力が足りないぐらいの状況でなければ、なかなか賃上げにはつながらないのです。

２０２３年２月に労務行政研究所が上場企業等を対象に実施した「賃上げ等に関するアンケート」では、２０２３年の賃上げ見通しは定期昇給込みで２・75％となり、25年ぶりの高水準だといいます。

これは岸田さんが賃上げのお願いをしたこともきっかけになったかもしれませんが、本質的なところでいえば安倍さんの行った１００兆円のコロナ対策費などのおかげで海外に比べて日本企業のダメージが抑えられた結果だと考えられます。

岸田さんはそんな経済の基本がわかっていません。「インフレ率を超える賃上げの実現をお願いしたい」と言いますが、その状況をつくり出すのが首相の仕事なのです。

インフレ目標達成を目指し、そこまで行けば人手不足となり、賃金を上げないことには労働力を確保できなくなる。そういう状況になったときには企業もいい具合に成長の状況になっているので、賃金を上げても充分にやっていけます。

ところが岸田さんはただ単に「お願いしたい」と言っているだけ。できないことをお願いする言い方をしているようではお話になりません。企業の努力だけではできないようなことを「お願いしたい」と言っておいて、それが達成されなければ「お願いしたのにできなかった」というのでは、あまりにも無責任な話です。

そうではなく「自分の政権で失業率最低を目指します」「そのためには金融財政政策をフル活動させます」「そうすれば自ずと賃金が上がっていくでしょう」というのが一国の首相として当たり前の年頭会見だと思います。

お願いなどしなくても政策によってできることだし、それは自分の責任でやらなければいけないのだということを、岸田さんはわかっていません。「お願いします」というだけでは神頼みと大差がないし、そんなことで賃上げが実現できるはずがないのです。

安倍さんも首相在任時には経済界に賃上げを要求していましたが、実は賃上げの時期になると安倍さんから私のところに電話があって「髙橋さん、今年はどのくらい賃上げできそう?」と質問してきました。どのくらい賃上げできるかは前年の失業率から計算できますから、安倍さんには「3%ぐらいまではできますよ」などと伝えていたものでした。

だからお願いをするといっても安倍さんと岸田さんではまるで違っています。安倍さんの場合は「この経済理論からするとどのくらい賃上げしても経営者は大丈夫だし、労働環境からみてこのくらい賃上げしないと人が集まらない」ということをしっかり理解したうえで、ロジカルな説明ができるようにしていました。そして失業率が高ければ高いほど賃上げをしなくて済むので、それを避けるためにまず失業率が低くなったという状況をつくり、そうするとこのくらい賃上げしないと人が集まりませんよというレベルのところまで計算して、賃上げ要求をしていたのです。

安倍さんの口から出るときには、岸田さんと同じように「経営者にお願いしたい」という言い方になるのだけれど、その裏付けがしっかりとありました。経営者側もそういうことはわかっていますから、だからこそ安倍さんの言った賃上げはだいたいが実現したわけです。

安倍さんとしては、政治的にやるべきことをやっていれば賃金は自然と上がることはわかっていたので、わざわざ賃上げ要請をする必要はなかったのですが、そこは阿吽の呼吸で、安倍さんからすると「自分が言ったから賃上げが実現した」となるし、経営者も「総理から言われたから頑張って賃上げしました」といえる。これが政治というものなのです。

しかし岸田さんの場合、年頭会見を聞いた経営者たちはきっと「なにを無理なことを言っているんだ」でおしまいでしょう。経営者からすると「賃上げをせざるを得なくなるぐらいのマクロ経済環境を整えてくれるのが政治家の役目だろう」というふうに思うだけです。

なぜ岸田さんが有効な経済対策を実行しないのかといえば、インフレ目標達成の方向へ進もうとすれば増税も利上げもできなくなるからです。増税や利上げをしたい人たちが岸田さんの周りにいて、そちらの意見を先に聞いてしまうから、単に「賃上げをしろ」というような無理な要求になってしまう。完全に順番の間違いだし、本当なら増税や利上げをせずにインフレ目標を達成してくれれば自ずとうまくいくということがわかっていないのです。

岸田さんの周囲の人たちとしては、自分が関わっているうちに成果を出したいから、アベノミクスによって経済の状況がよくなるまで待っていられない、というところもあるのでしょう。そうやって自分の手柄を上げることしか考えていないように私には見えてしまいます。

彼らにしてみれば日本全体の経済の先行きや国民感情は関係なくて、たとえば消費税率を上げることが自分たちにとっての手柄だと考えている。それだからいつまでたっても経済の好循環が起こらないのです。岸田さんのやっていることはまったく逆の経済の悪循環でしかなく、好循環にしたいのであれば利上げと増税はそのときまでずっとしまっておくしかありません。それでインフレが過熱するような状況になってから、はじめて増税や利上げをやればいいのです。

このまま岸田政権が続けば、日本経済の先行きは暗いことばかりです。

増税はすべて財務省の仕組んだもの

防衛費の増額のうち1兆円ぶんをまかなうためだといって、岸田さんは最初に法人税、所得税、たばこ税を増税する方針を示しました。それに対する世論の反発が大きかったことから、次に岸田さんは増税枠から所得税をはずして、かわりに酒税を入れる方針を示しました。このくらいの税金の話であれば債務償還費などのいわゆる埋蔵金で簡単にまかなうことができるのに、それはやろうとしません。

しかし与党の国会議員のなかでもさすがに増税反対の声は強く、財務省の増税方針がガタガタになっているのは間違いなさそうです。

反対の声が上がるのも当然のことで、増税をしなくともかわりの財源があることはわかり切っているのです。それでも財務省は増税をしたいから、自分たちの所管で文句の出づらい酒税とたばこ税を対象にしようとする。なぜ文句を言われないかといえば、酒とたばこについてはいろいろな許認可をすべて財務省が握っているからです。それらの業界がそこでヘタな文句を言ってしまえばあとが大変になってしまいます。

しかしマクロ経済運営でいうと、そもそも増税と利上げをするから税収があまり伸びないのです。増税や利上げを進めることによって、税収を伸ばすことで財源を用意するというまっとうなやり方が今後できなくなってしまう。本当の問題はそこにあります。

たとえば円安対策ということであれば、円安のままにしておいて外為特会の含み益を出して、そこから輸入物価に対して補助金を出せばいい。それだけの話だったのです。しかしそういう政策をとることが財務省は嫌だったのでしょう。

岸田さんはそんな財務省の言い分をそのまま聞いて「円安はけしからん」と思ってしまった。日銀の黒田総裁もその本質は官僚だから、首相から「円安を是正しろ」と言われてしまえばその通りにするしかありません。日銀総裁は選挙で選ばれたわけではなく、日本政府の子会社の社長のようなものですから、親会社の社長から言われればその通りにやるしかない。よく「日本銀行の独立性がどうのこうの」と言う人がいますが、実際にはその程度なのです。

岸田総理の経済オンチが露呈した年頭会見

防衛費増のために増税をしようというだけでも岸田さんの経済オンチぶりは明らかなのですが、２０２３年１月４日の年頭記者会見においてもそこは変わっていませんでした。

このとき、岸田さんは「この30年間、企業収益が伸びても期待されたほどに賃金は伸びず、想定されたトリクルダウンは起きなかった」「物価上昇率を超える賃上げの実現をお願いしたい」などと話しましたが、そもそも「トリクルダウン」ということを言っている時点でお話になりません。

トリクルダウンとは「富める者がさらに富めば、貧しい者にも自然に富がこぼれ落ち、経済全体がよくなる」という意味で使われていますが、実はこうした経済理論はありません。

マスコミや一部の経済評論家がアベノミクスに関して「トリクルダウンを見込んでいる」などと評することがありましたが、安倍さん自身がトリクルダウンについては否定していて、２０１５年2月の国会でも「私たちが進めている政策は、いわゆるトリクルダウンではなくて、まさに成長力の底上げだということを申し上げます」と、答弁しています。

実証分析でもトリクルダウンはほとんど検証されておらず、経済学においては俗説とされているものなのです。

経済政策を変更したときに、効果が出るまでには当然時間差が生じます。アベノミクスではいわゆる異次元の金融緩和によって予想インフレ率の上昇があり、その結果として実質金利が下がりました。これが設備投資や雇用に好影響をもたらすとともに、為替が円安に変化して純輸出を増加させることが期待できます。

こうしたさまざまな波及経路で経済を刺激すると、まず先行して株価上昇や為替の円安が起こります。このときに、株価上昇した後の経済全体への波及効果が見えていない人は、株価上昇によって富裕層の所得が上がるところにばかりに目が行ってしまって、それが直接的に貧困層に回ってくるから景気がよくなるのだと勝手に思ってしまうのです。

アベノミクス批判をする人は、そのような誤解をしたままで「アベノミクスはトリクルダウンに依拠している」と批判する。しかし経済理論がわかっている人は、そもそもトリクルダウンなどという俗説に根拠のないことがわかっていますから、こうした批判を相手にしません。

ノーベル経済賞学者のポール・クルーグマンやベン・バーナンキ、ジョセフ・E・スティグリッツらは、アベノミクスの基本的枠組みを評価していて、当然トリクルダウンなどの俗説は歯牙にも掛けていません。それなのに経済理論に疎いマスコミや一部の論者はアベノミクスの要点がトリクルダウンだと言い張ってきたのです。

そんなトリクルダウンについて岸田さんが年頭会見で言及したということは、岸田さんの経済観やマクロ経済の理解は、アベノミクス批判をしてきた経済オンチたちと五十歩百歩ということになります。

反アベノミクスという誤り

岸田さんの言うような「物価上昇率を超える賃上げ」を実現するには、現存するGDPギャップ（総需要と総供給の差）を前提とすれば、追加財政政策と金融緩和政策を行うことによってGDPギャップを解消させることが先決です。そのうえで、さらに若干の需要超過状態を維持することが必要であり、そうした状況が半年程度継続すると、ようやく失業率が下限となって賃金が上昇し始めます。

これはマクロ経済の基本的な考えなのですが、日本では「今はインフレ率が4％近いのにアベノミクスを続けたのではさらにインフレを加速するから危険だ」という意見が出てきます。

しかしそれは、少なくとも今の日本に関してはまったく正しい考えではありません。後に詳述しますが、経済学の世界ではインフレ率をGDPデフレーターで測るのが一般的で、そうして見た場合、これまで政府や日銀がインフレ目標として掲げてきた2％には到達していないからです。

失業率とインフレ率の間には一定の関係があって、これをグラフに表したものをフィリ

図1

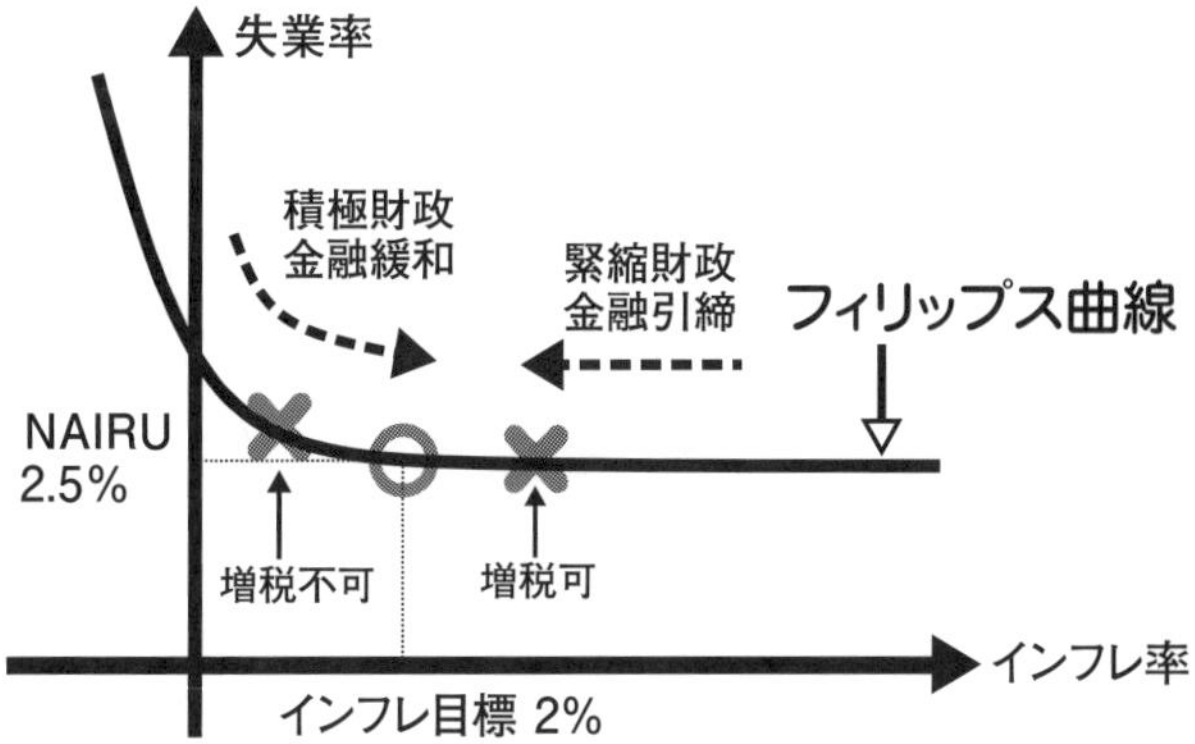

ップス曲線といいます。失業率が高いときにはインフレ率が低くなります。逆に失業率が低くなる場合はあるところで下げ止まりになるのですが、そこに至るとインフレ率が高くなっていきます。

そうして失業率とインフレ率のどちらも一番低くなるのが図1の丸の箇所になります。

インフレ率はだいたい2%。このときに下限となる失業率は、経済理論ではＮＡＩＲＵ（non-increasing inflation rate of unemployment＝インフレ率を上昇させない失業率）といわれますが、日本の場合は2・5%ぐらいのところです。

だからそこに向けて経済政策を行っていく。インフレ目標2%ということが決まれば、そのために必要な金融緩和を算出することは難しくありません。前の日銀副総裁である岩田規久男氏は「2年間で日本のマネタリーベースを2倍にすれば達成できる」としていました。これは私の計算のやり方とは異なるのですが、結論としてはだいたい同じになります。

これが達成されてようやく労働者の賃金が上がっていくことになります。失業率についてNAIRU程度をキープしていれば、企業は賃金を上げないことには人手の確保ができなくなります。

GDPデフレーターで測ったときに2%を長く超えたりすると、ようやく本当のインフレの状態と言えます。そうなれば経済引き締めのために増税をしてもいい。ただしGDPデフレーターがずっと2%を超えないときには、まだまだ金融緩和を続ける必要があり、それで失業率が下がるまでは増税してはいけません。

では2023年初頭の日本がどの状態にあるのかというと、メディアや一部の経済評論家たちは「消費者物価が高くなってインフレだ」と言いますが、GDPデフレーターはマイナスでした。

増税や利上げをやりたい人は都合よく消費者物価を持ち出しますが、黒田日銀が事実上の利上げを表明した2022年12月の会見時点では、GDPデフレーターで見るとマイナスだったので、インフレ目標を超えているとは言えません。

そんなときに増税するとどうなるかというと、図1の丸が左方向へ移動して、失業率が上がりデフレに戻ることになります。

つまり消費者物価で見るとインフレ目標を達成したように見えるけれども、ＧＤＰデフレーターで見たときにはまだインフレ目標にまで至っていないので、まだまだ積極財政と金融緩和が必要だというのが正しい現状把握です。

積極財政と金融緩和を行うことで最適な状態を目指していたのがアベノミクスです。アベノミクスの基本の部分というのは非常に簡単で、今がどういう状態にあるかを把握して、最適なところを目指すというだけのこと。つまり図１の丸を最適な位置へ持って行くことだったのです。

これが本当の経済政策というもので、私は安倍さんに何度も説明しましたし、安倍さんもこれを完璧に理解していました。もしも安倍さんがご存命だったなら、２０２２年末の状況での増税や利上げは絶対にしなかっただろうと思います。

ひるがえって岸田政権の防衛増税と利上げの話をみると、これは明らかな拙策です。ターゲットとするべきところから逆の方向へ行こうとしているのだから、これでは今後に「失われた20年」が訪れることになるかもしれません。

安倍政権でも消費増税という失策がありましたが、これは前の政権で決めたことだからやらないわけにはいかなかった面もあります。しかしそれを除けば安倍政権から続く菅政権に至るまで増税も利上げもせず、常にターゲットを目指してきたのです。

植田和夫日銀新総裁の実力と問題点

2023年2月24日、黒田日銀総裁の後任候補として政府が提示した植田和男さんに対する所信聴取と質疑が衆議院議院運営委員会で行われました。植田さんはマクロ経済学を専門とする経済学者で元日銀審議委員です。

2月のはじめごろには日本経済新聞が、後継候補として雨宮正佳さんの名前を出していましたが、あくまでも私の推測としていえば、あれはいわゆる観測気球だったように思います。

日銀の総裁と副総裁人事は非常に単純で、財務省、日銀、学者という3つの枠があり、それぞれを順番に回していくような形になっています。

黒田総裁の時代は黒田さんが財務省。副総裁の雨宮さんは日銀。もうひとりの副総裁、若田部昌澄さんは経済学者といった形でした。

それで財務省の黒田さんの次の総裁として、日銀の雨宮さんの名前を出してみたところ、少し円安に振れました。これは市場が、雨宮さんが黒田路線を継続するとみたからでしょう。

しかし、これではアベノミクスを否定したい官邸にとって都合が悪い。雨宮さんの名前を最初にリークした日経新聞は「雨宮さんが辞退した」といいますが、この手の話はそもそももっと前の段階から打診されているはずで、2月になって辞退するもなにもありません。日経が官邸の観測気球に使われたと考えるのが自然でしょう。

日銀の雨宮さんでないとなると、財務省か学者かということになりますが、財務省では黒田さんと連続することになるので、学者の植田さんが選ばれたのだろうと推測できます。

所信聴取で植田さんは、「現在、わが国は、内外経済や金融市場をめぐる不確実性が極めて大きい状態だ。消費者物価の上昇率は2023年度半ばにかけて2%を下回る水準に低下していくと考えている」と指摘しました。

さらに植田さんは、日銀の大規模な金融緩和について「さまざまな副作用が生じているが、経済・物価情勢を踏まえると2%の物価安定目標の実現にとって必要かつ適切な手法であると思う。これまで日銀が実施してきた金融緩和の成果をしっかりと継承し、積年の課題であった物価安定の達成というミッションの総仕上げを行う5年間としたい」と話しました。

また2%の物価安定目標の早期実現を目指すとしている政府・日銀の共同声明について「基調的な物価の動きは好ましいものが出始めている段階だが、2%にはまだ時間がかかるところだ。現在の物価目標の表現を当面、変える必要はないと考えている」と言っています。

そして「2％の物価安定目標が見通せるようになっていくと見込まれる場合は、金融政策の正常化に向かって踏み出すことができると考えている」と言い、2％の物価目標が達成された場合には金融緩和策として続けている大量の国債購入をやめる考えを示しました。

副総裁候補の氷見野良三さん（前金融庁長官）と内田真一さん（日銀理事）はそれぞれ「現在の状況と見通しからすれば、金融緩和により経済を支え続ける必要がある」（氷見野）、「この先も金融緩和は必要であり、副作用があるから緩和を見直すということではなく、いかに工夫を凝らして効果的に継続していくかだ」（内田）などと話しています。

このときの質疑を見たところ、質問した国会議員たちは誰も植田さんの話を理解していないというか、まともに質問ができていませんでした。

金融政策をなぜやるのかということについても理解していないし、インフレ目標2％がどういう理屈でそうなるのかということもまともに質問できない。

植田さんからすれば楽な相手で、議員たちをすべてあしらっているようにも見えました。「インフレ目標2％とはなにか」と問われれば「それは世界標準ですから」と答えるだけで、質問者から次の矢が出てこないから、それでおしまいです。

日本銀行の独立性について質問された際にも、「安倍さんの本には独立性がないとありますけど、そこはコメントしません」としつつ、「日銀法のなかに自主性尊重とされているので、その意味では独立性があると思います」といったことを答えていました。この回答は、実際にはなにも答えていないのと同じです。日銀法にある自主性尊重というのは「子会社としての自主性を尊重します」という意味なのですが、質問した側がそうしたことを理解できていないので、それ以上の深い質問は出てきません。国会議員というのは結局このぐらいのレベルで、大学生と幼稚園児が話しているようにも見えてしまいました。

ちなみに、植田さんは東大の数学科出身ですから私の先輩になります。私が大蔵省にいたころは、いつも植田さんに説明に行く「植田番」をしていましたからよく知っていて、理論的な人であることは間違いなく、頭も切れます。

マサチューセッツ工科大学（MIT）では、世界中の金融の専門家が集まるスタンレー・フィッシャー氏の下で揉まれた人材ですから、国会議員たちはまったく相手になりません。イスラエルの中央銀行の総裁も務めたフィッシャー氏の、MITでの受講者にはFRB総裁を務めたベン・バーナンキ氏や、元欧州中央銀行総裁のマリオ・ドラギ氏がいて、つまり植田さんは欧米の中央銀行総裁が出たところで研鑽してきた人なのです。

だから植田さんのような博士号を持っていて英語も堪能な人が日銀総裁になったことは、日本にとっていいことだと思うのですが、国会のレベルが低すぎることが問題です。

結局この所信聴取で、植田さんはなにも言わなかったのと同じですから、植田さんが利上げを表明するなど緊縮財政に向かうと予測して空売りを仕掛けた人などはそれで大損をしたことでしょう。そういう人はまたの機会にがんばってください、としか言えませんが、いずれにしても国会議員はもう少し勉強しないとダメでしょう。所信聴取の質疑でも、たとえばNAIRUやGDPギャップなどについての質問をしてみればいいのですが、彼らはそういうことを本質的に理解していないのです。

実は安倍さんも「国会で金融政策について質問されるのははっきり言って楽だ」と言っていました。国会議員のなかには安倍さんに本質的なところの質問をできる人がいないから、安倍さんは答弁書など見なくともスラスラと答えていました。

唯一、金子洋一さん（元民主党参議院議員）だけは、経済企画庁出身のエコノミストであり金融政策についての理解も深かったので、安倍さんも彼と議論するのがいちばん楽しいと言っていました。

植田さんと現役国会議員たちとの圧倒的な差については、おそらくマスコミもわかっていません。国会議員もマスコミもマクロ経済学の基本をまるでわかっておらず、植田さんただひとりだけがわかっている状態ですから、どんな質問を受けてもやり過ごすことができる。

とはいえ日銀は実質的には政府の子会社ですから、子会社の社長が誰に代わろうと、親会社である政府の方針に従わざるを得ないこともたしかなのです。

NHK会長人事も財務省主導？

2023年1月25日、新たにNHK会長に就任した稲葉延雄さんは、個人的によく知っています。東京大学ではゼミの先輩だったのでOB会で毎年のように会っていました。稲葉さんは大学卒業後に日本銀行へ入行して、「日銀のプリンス」とも言われていました。その将来を嘱望されていて、そういう人は若いうちから通常の日銀の人事とは違うところを歩みます。稲葉さんも大蔵省へ出向していました。

大蔵省、現在の財務省は予算の認可権などの権限を握っていることから、日銀を一種の植民地のように考えているところがあります。そんな財務省に対して日銀側はどうしても気後れしがちで、そうならないように日銀が幹部候補として育てようという人たちは若い頃に財務省へ出向します。そして財務官僚と2年間ぐらい机を並べて働き、そこで人間関係をつくっていくのです。

稲葉さんも出向組でしたから、言うなれば日銀マンのエリート畑を歩んできたわけです。以前に日銀総裁を務めた白川方明さんと同じようなタイプの人で、白川さんとは年齢も2つぐらいしか違わないから、もし白川さんが総裁にならなければ稲葉さんが総裁になっていたかもしれません。

白川さんが総裁になったことで、稲葉さんは民間企業のリコーに天下っていました。ある新聞は稲葉さんが新たにＮＨＫ会長になったことについて、前歴がリコーだったことから「再び財界人が会長になった」と書いていましたが、それは見立てが違います。稲葉さん以前の５代の会長は本当の民間の財界人でした。しかし稲葉さんは天下りでリコーへ行きましたが、その前には日銀でずっとやってきた人ですから、本質的には官僚です。

根っこが官僚の人だから、稲葉さんがいろいろなＮＨＫの改革を行うことは正直言って難しいようにも思います。

もともと積極的に改革しようというタイプの人ではなく、伝統的な日銀を守ってきた人なのです。私が20年ぐらい前から「日本銀行の政策がおかしい」と言っているときも、日銀の立場から「髙橋は間違っている」とずっと言われてきました。

ＮＨＫというのは政府との関係がずいぶんとあります。ＮＨＫには株主がいなくて、ＮＨＫの基本方針を決めるために、株主総会にかわる経営委員会という組織があります。経営委員は国会同意人事で、国会の議決を得て了解を取らないことには経営委員にはなれません。そしてその経営委員が集まってＮＨＫの会長を指名します。

一時、「前川喜平さんをＮＨＫの新会長に」などと署名活動があって、それを取り上げているメディアもありましたが、こうした会長決定までのプロセスを考えれば、そんなことは最初からあり得ません。候補の一角にすら上がっていなかったはずです。

ＮＨＫ会長は絶大な権限を持っていますが、その一方ではふつうの株式会社の社長が株主総会には勝てないのと同様に、経営委員会には勝てません。

稲葉さんの前の5代は民間人の会長でしたが、それ以前にはＮＨＫのプロパーが会長を務めていました。15代会長で「シマゲジ」などと呼ばれた島桂次さんは、もともとは自民党との太いパイプを持つＮＨＫの政治記者。続く16代会長の川口幹夫さんは番組プロデューサー。17代会長の海老沢勝二さんも政治記者出身です。海老沢さんは一部週刊誌から「エビジョンイル」と揶揄されるほどの専制的な経営手法を執っていました。

そんな海老沢さんが会長だった２００４年に、ＮＨＫ番組プロデューサーによる巨額の製作費着服が発覚しました。これを皮切りにして次々と内部の不正が表出して、これに反発した一般の視聴者たちによって約75万件もの受信料支払い拒否があったといいます。

それはさすがにマズイということになって海老沢会長は辞任。ＮＨＫの内部から上がってきた人が新会長になったのでは改革などできないし、経営努力をして受信料を下げようという発想も出てきませんから、多少経営感覚を取り入れるために民間の財界人を外部登用することになりました。

しかし、このたび新会長になった稲葉さんは役人気質の人ですから、おそらく改革などはできなくて、元の木阿弥になるような気がします。ふつうの民間人であれば改革や受信料を下げるような話もするでしょう。世界を見渡せば、イギリスBBCも受信料を廃止しようと言っているぐらいで、NHKを改革する場合にも民営化するぐらいのことでやっていかなければできないだろうと思います。

これは私の邪推ですが、稲葉さんのNHK会長就任には、次の日本銀行総裁人事も絡んでいたのではないでしょうか。稲葉さんも日銀新総裁候補のリストに上がっていて、そこから外れるかわりにNHK会長のポストが与えられたということではなかったか。もちろん形式的には経営委員会が稲葉さんを指名したわけですが、今までのことを考えるとそういうこともあったのではないかと、勝手に想像しています。

ともかく今回のNHK会長人事は、これまで安倍さんや菅さんがやってきた「民間人を選ぶ」という流れとはまったく違ったものだということは間違いないでしょう。安倍さんなどは民間から一本釣りしていて、私にも「この人はどう?」などと聞いてくることもありました。

これに対して岸田さんによる人事は、その周りにいる財務省関係者が主導したように見えてなりません。稲葉さんは財務省に出向していたのでそちらの知り合いも多く、そういう人たちが一緒になって後押ししたということもあったのではないか。日銀にしても、かつて稲葉さんを充分に処遇できなかったという思いはあったでしょう。

あくまでも外部から見た推測ですが、そういうふうに見えてしまいます。

第二章

外交政策の大問題

外交は事実ベースで行うべし

2022年の初頭、ロシア専門家といわれる人たちには「ロシアによるウクライナ侵攻は起こりえない」という人がたくさんいました。しかし、そんななかで私は「ロシアの軍事侵攻はあり得る」と言っていました。特別な予測方法があったわけではありません。軍事衛星からの情報を見るとものすごく多くの部隊が国境近くにいたので、だから「侵攻はあり得る」と思ったというだけの話です。

希望的観測としては「ウクライナ侵攻はない」と思いたかったのですが、現実問題として相当の部隊展開をしているのだから、そうすると「あり得る」と考えるしかない。

何事においても、そのように事実をベースとして予想をすることが大切です。物理的に部隊をどのように配置しているのかといった明かになっている情報やデータしか私は見ません。

「誰がどういうことを言っている」というのは関係ありません。「戦争は起こしてはならないから」などという軍備増強反対派の言い分などはもってのほかです。

「平和を望む」のはそもそもの大前提としてあって当然のことですが、それでも万が一のために現況をしっかりと見定めて、起こり得る脅威への備えを欠かしてはなりません。

そして今、現実に日本の周辺では、北朝鮮が弾道ミサイルの発射実験を繰り返し、中国では習近平国家主席が台湾への武力行使も辞さない構えを見せている。ロシアも中国と共同で軍事訓練を行っています。

そんなときに「話し合いによる平和外交を」などと理想論ばかりを言い、防衛力強化に反対する野党はまさしく「お花畑」としか言いようがありません。

ウクライナを教訓とすれば、今求められるのが国際情勢を踏まえたリアルな議論であることは明らかです。それなのに一部野党議員は「日本がトマホークで反撃すれば戦火が拡大して国民に危険が及ぶ」などと的外れなことを言っている。単に政権批判のためだけに言っているのならまだしも、日本の防衛力を下げようという他国の息がかかっているのではないかとさえ疑ってしまいます。

私からすると、安全保障を真剣に考えたときに、敵基地攻撃能力を持つミサイルの配備は当然のこととして、アメリカとの核シェアリングや、日本の原子力潜水艦保有などまで議論してもらいたいと考えています。

迫りくる中国の脅威

２０２３年の元日から、中国の新しいタイプの無人機が沖縄本土と宮古島の間を飛行するということがありました。とんだ新年のご挨拶です。

さすが自衛隊は、これに対してきちんとスクランブルをかけて対応したようです。自衛隊のみなさんは元日だからといって関係なく、常に日本の危機に備えているのです。

中国はこれまで、海上では尖閣諸島へよく来ていましたが、これからは空からもやってくることになるのでしょう。今回は領空侵犯こそなかったのですが、今後はそういったことにも備えていかなければなりません。台湾では領空侵犯した中国の無人機を撃ち落としていますから、これからは日本も同様の対応が必要になるかもしれません。

相手方の飛行機が無人機かどうかはすぐにはわかりませんが、そもそも領空侵犯が不法なことですからまずはスクランブルをかけて、無人機ということがわかった時点で撃ち落とすというのは仕方のない処置でしょう。

今までは領海侵犯をやってきて、空からも入ってくるようになると、その次にはきっと陸地にも入ってくることになります。中国としては制空権をとらないことには台湾封鎖はできないので、台湾有事の際には制海権と制空権を両方抑えにくるはずです。人民解放軍は制海権を奪うためにまず軍艦を出してきて、それと合わせて制空権をとろうとする。元旦の無人機飛来はそうした事態を想定した練習の一環であったように思われます。

軍事演習をするということは、実際にそれが起こり得ることなのだと考えるべきで、中国は日本の領空へ迫ったときに自衛隊がどのように動くのかをシミュレーションしているわけです。どのようにして制海権と制空権を奪うのか、その作戦がいよいよ具体的になってきたのだと考えておかなければなりません。そうした中国の動きへの対策が自衛隊にとっての急務になります。

中国の無人機に自衛隊が有人機でスクランブルをかけるというのでは、余計なコストがかかってしまって分が悪い。自衛隊にも無人機はあるはずですし、今後防衛予算が増えるのであれば、スクランブルをかけるときに対応する無人機のシステムがあってもいいのではないでしょうか。

今回飛来した無人機は、一応は攻撃能力のない偵察機だったということですが、今後は攻撃能力のある無人機が来ることもあるでしょう。相手方の無人機が攻撃能力を有するのか否か。そこはレーダーだけでは判別できず実際に機体を見ないことにはわかりません。機体を確認さえすれば、攻撃装置の有無は専門家ならすぐにわかるはずです。

ともかくこれは台湾侵攻に向けての準備の一環と考えるべきです。「起こしてはいけない」「起こるはずがない」と希望的観測を言っているだけではなく、「万が一にも起きたらどうするか」ということで準備をしておくのが政治の仕事です。

台湾侵攻は5年のうちに起こる

習近平の国家主席3期目が終わるまでの間、つまりあと5年弱のうちには台湾侵攻が実行されると考えて備えをするべきで、2022年秋の中国共産党大会における人事を見ても台湾侵攻を実現するために側近をイエスマンで固めたのだと推察できます。この在任期間に台湾侵攻をやらなければ、今や絶対的な権力者となった習近平であっても党内から「何をもたもたしていたのだ」と批判にさらされ、その威光が薄れることになるからです。日本で中国の擁護ばかりをしている人も「習近平3期目のうちにはあるでしょう」と言うと、みんな黙り込んでしまいます。

中国としては台湾侵攻を実行するうえで、ウクライナにおけるロシアのような失態は避けなければなりません。ロシアは「短期間で決着させる」など、いろいろと勝手な前提を置いていたようですが、まったくの的外れとなってしまいました。

中国としては絶対にそれは避けたい。それも短期間で終わらせたいに違いなく、そのためのシミュレーションを重ねているところだと考えられます。

ウクライナではウォロディミル・ゼレンスキー大統領がすぐに降参しなかったことが想

定外だったわけですから、中国がそれを参考にするならば、台湾が親中政権になったときに侵攻しようと考えているのではないでしょうか。台湾が親中政権であれば、たいした抵抗もなく、すぐに「降参します」と言って和平の話になる。中国としてはそういうところを狙っているように思います。

その意味でいうと、2022年に行われた台湾の地方選挙では台湾独立派の与党が負けて、親中の野党が勝利しました。これまでも地方選挙ではだいたい与党が負けてきたのですが、今回の結果が次の国政選挙に影響してくる可能性もゼロではありません。中国は当然そういったところを見ているはずです。親中政権となる前に侵攻をしようとしても、台湾全体が結束して立ち向かってくるかもしれません。しかし中国にとっての一番の良策は戦わずして勝つことです。軍事行動は何もしないで、台湾が親中政権になってすぐに降参してくれることが一番であることに違いありません。

こうした中国の動きに対して、日本は基本的に自分からは何もできません。そのため、まずはアメリカが中国にどのような対応をするかが重要になってきます。

アメリカはどこまで台湾を助けるのか。これはウクライナに対する態度とは多少違ってくるはずで、「中華民国」という呼称が使われていた時代の台湾は、アメリカとの間に相互防衛条約もあったぐらいです（1954年、台湾に移った中華民国とアメリカの間で締結された軍事同盟で、正式名称は「アメリカ合衆国と中華民国との間の相互防衛条約」。1980年1月に失効）。

今はそのような協定はありませんが、かわって1979年にジミー・カーター政権が制定した「台湾関係法」があります。これは中国による台湾侵攻時にアメリカの軍事介入を確約するものではないことから「戦略的あいまいさ」とも呼ばれますが、「いろいろと協力しますよ」ということにはなっています。現状、アメリカは「世界の警察官にはならない」と言っているので、軍事介入ではなく武器供与にとどまる可能性も高いでしょう。それでも同盟関係のないウクライナに対してよりは、いくらか手厚い支援をすることになるのだろうと思います。

中国による台湾侵攻が起きたときにアメリカ軍がこれに介入するのか、現段階ではよくわかりません。日本はその成り行きを見ていることしかできません。しかし中国が台湾海峡や台湾周辺の海上封鎖をして、空も封鎖するとなったときには、日本の南西諸島までがその範囲に入ってきます。そのため中国による台湾侵攻は、確実に日本も巻き込んでくることになります。中国が制海権と制空権を掌握するために南西諸島まで来たときには、これは日本への侵略と同じことですから、その際には日米安保とは関係なく、日本の自衛権として対抗していかなければなりません。

中国に制海権や制空権を握らせないよう自衛隊の人たちは大変な苦慮をしているのだろうと思います。南西諸島にいろいろな自衛隊の部隊配置を計画していることを見ても、そうした事態に備えていることは間違いありません。

とにかく中国による台湾侵攻は確実にあるものとして備えなければいけません。今はまだ沖縄やそれよりも西のほうの島々にも旅行することができますが、いずれはそれもできなくなってしまいます。

中国による侵略の現実を見るべし

岸田政権は防衛力強化の方針を決めましたが、では現実的な有事の備えとしてはいったいなにが必要か。そこが重要なポイントになってきます

2023年1月1日には、中国の偵察型無人機1機が沖縄本島と宮古島の間を抜けて東シナ海と太平洋を往復したことを、中国側が発表しました。さらに尖閣周辺では、石垣市による海洋調査に合わせるようにして、中国海景警局の船舶による領海侵犯が頻発しています。

中国は2000年ごろから「核心的利益」という表現でウイグル、南シナ海、香港、台湾、尖閣を完全に自国領土にするという主張を打ち出して、少しずつ、しかし確実に侵食しています。内陸のウイグルでは、国際的に人権侵害と批判を受けている民族浄化的な政策を展開。南シナ海では人工島の基地化を進めるなど徐々に領有権拡大を図っています。香港での民主化運動弾圧も記憶に新しいところでしょう。

ゆっくりと小さな行動を積み重ねつつ、時間をかけながら大きな戦略的変化を実現する。こうしたやり方は「サラミスライス戦略」といわれています。南シナ海で実行してきたサ

ラミを薄切りするように少しずつ入り込むやり方は東シナ海でも行われていて、尖閣周辺の領海侵犯や無人機偵察飛行はそんな中国のサラミスライス戦略の一環だと言えます。

南シナ海における中国のサラミスライス戦略については2016年にオランダ・ハーグの国際仲裁裁判所で「中国の主張に根拠なし」との判決が出ています。それにもかかわらず中国は判決を無視した活動を続けているわけで、今後は東シナ海でも同様の無法な行いをするのだろうと考えられます。

アメリカの発表によると2022年12月、南シナ海上空の国際空域で米空軍偵察機が通常の偵察活動を行っていたところ、中国軍の戦闘機が異常接近をして飛行を妨害したといいます。これに対して中国は「米国側の行動に問題があった」と反論していて、相変わらず国際法無視の戦略を続けていることがうかがえます。これに対して米軍は「すべての国が国際法に従って国際空域を安全に使うよう望む」と中国の自制を求めましたが、こうした状況が続くようなら今後、米中間で偶発的な接触が起こる危険は高まるばかりです。

日本領空に接近した中国人民解放軍の無人偵察機は、南シナ海でそうであったように、今後段階的に日本を挑発してくるに違いなく、台湾封鎖に向けたサラミスライス戦略は続きます。

そして「時機は来た」と判断したときには、一気に侵攻をスタートさせるであろうことを決して忘れてはいけません。

衰退する中国が見えてきた

２０２３年に入って、中国国家統計局は２０２２年10～12月期のＧＤＰを前年同期比２・９％増と発表しました。日本のマスコミはこれを取り上げて「中国の経済成長は同年7～9月期の３・９％増から減速した」と報じています。

しかし私は、そもそも中国の統計自体を信用していません。李克強も首相在任時には「ＧＤＰは当てにならない」と言っています。そして経済成長の指標としては「鉄道貨物輸送量、銀行融資残高、電力消費をみている」と言いましたが、それですら統計数字として信用できるものではありません。

ではどのように中国経済を測ることができるのかというと、私は貿易統計を見るようにしています。外国の統計と照合することができて改竄しにくい貿易統計であれば、ある程度は中国ＧＤＰの実態に近いものが見えてくるからです。

２０２２年10～12月の貿易統計における輸出と輸入の前年同月比をみると、輸出は10月が０・３％減、11月が８・７％減、12月が９・９％減となっています。一方の輸入は10月が０・７％減、11月が10・６％減、12月が７・５％減でした。

海外品の購入は国内消費との連動があるので、ＧＤＰとも連動しやすい。そして輸出は重要なＧＤＰ構成項目の一つです。そうした観点で見た場合、この貿易統計の数字からは中国経済が成長しているとは考えにくい。ざっくりいうとＧＤＰは消費と投資、そして輸出額から輸入額を差し引いた純輸出で構成されます。貿易統計からみると、構成ウエイトの大きな消費はマイナス、純輸出は差し引きゼロと推測され、そうであればとてもＧＤＰが２・９％増になるとは思えません。マイナス成長であっても不思議ではないでしょう。

また中国は、２０２２年末には人口が減少に転じたとも報じられています。

しかし中国では、１９７９年から２０１４年まで「一人っ子政策」が行われました。人口を維持するためには１組の夫婦の間に２人の子ども（正確には2・07人）が必要で、この水準を下回れば30年程度が経過したところで人口は減少に転じます。一人っ子政策が始まってから30年というと２００９年で、本来であればその頃から人口減少が始まっていてもおかしくなかったはずですが、それから10年以上も遅い人口減少の到来です。また新型コロナに関しても、死者数があまりに現実と乖離していて、中国の公表数字はとても信じられたものではありません。

統計をないがしろにすると、国家の状況が把握できず、為政者は真に必要な政策が打てなくなります。その意味で、中国の先行きには不安しかありません。「ゼロコロナ」から一転して政策変更となったのも、正確な現状把握ができていなかったからではなかったかと踏んでいます。

公表数字がデタラメな非民主主義で専制国家の中国の将来は、どうしても明るいようには思えません。台湾との問題から安全保障環境が厳しくなっているため、先進各国ではデカップリング（切り離し）が盛んに言われるようになってきました。デカップリングが進めば、これまで交易を通じて取り込んできた先進国の技術も入手しづらくなり、中国の発展は大きく阻害されることになるでしょう。

これまでの通念として「非民主主義の専制国家は民主主義国家のやり方と馴染めず、長期的には経済成長しない」ということが言われてきましたが、このことが中国においても再確認されることになりそうです。

「外交は相互主義」を遂行できない岸田政権

他国へ渡航する際に、受け入れ側の国がビザを出すという制度があります。ビザなしで渡航できる国もあるのですが、日中間ではお互いにビザが必要だということになっています。

日本人が中国へ行くときに、一般的には日本にある中国大使館へ行って、そこでビザをもらってから行く形になりますが、その渡航ビザについて2023年1月10日、中国大使館は「中国を訪れる日本人へのビザの発給を一時的に停止した」と発表しました。新型コロナウイルスに関する日本の厳格な水際対策に抗議する意味でのことだといいます。

その後、就労ビザの一部は発給されることになりましたが、それでも日本人は中国へ行き難い状況は大きく変わりませんでした。

また中国政府は1月21日からの春節の直前、国内の旅行会社に対して2月6日以降、海外への団体旅行の販売を一部解禁すると通知しましたが、そのなかに日本、韓国、アメリカは含まれていませんでした。

しかしこれは日本政府のほうが先に、中国にある日本の大使館で「日本への渡航ビザを出さない」と言ってもよかった事案です。「中国がビザを発給しないのであれば、外交は相互主義ですから、日本政府もビザを出さないことにします」と言えばいいだけの話です。

これに対し日本の外務省は「中国政府がビザを出さないのはおかしい」と、抗議しただけでした。

結局、中国はわずか3週間ほど後に日本向けの一般ビザ発給を再開しましたが、その理由はわからないものでした。日本は中国のわがまま勝手に踊らされたような恰好です。

外交や安全保障というものは、どんな場合でも基本的には相互主義であるべきです。だから中国がビザを発給しないのであれば、日本もビザを発給しないというのが一番わかりやすいやり方です。これは世界中のどこでも通用する理屈であり、そうした姿勢を徹底すれば外交的な葛藤に悩まされることもありません。

中国がビザ発給停止を発表した頃は、得体の知れない中国発のコロナウイルスが流行っていましたから、それを持った中国人観光客が日本へ来ることを防ぐ意味でも、日本政府としてはこれ幸いとビザの発給を停止すればよかったのです。

なぜ日本政府はこういうことができないのか。相互主義はいちばん簡単なやり方で、他の件についても、たとえば外国人参政権の話なら、日本がその国に行って参政権がもらえる国とは相互主義でやってもいいかもしれません。

中国人が日本の土地を爆買いしていることが問題だと言われていますが、日本人は中国へ行っても土地が買えないのだから、これも相互主義の立場から、中国人は日本の土地を買えないという決まりをつくってもまったく問題はありません。

実際、戦前には「相互主義に基づいて土地取引を行う」という「外国人土地法」もありました。その法律は今でも有効ですから、現在の情勢に照らして不備があるならば、その部分をアップデートすればいいだけなのです。繰り返しになりますが、対外関係は相互主義とするのが一番簡単で、国際的にも理解の得られるやり方です。

中国が軍拡をしているのなら、日本も軍拡をしていく。それも相互主義です。向こうがミサイルをEEZ内に撃ち込んできたならば、日本も中国のEEZ内に撃ち込む。そのように相互主義でやっていくのがお互い様ということではないでしょうか。

それなのに、なぜか日本は何事に対しても弱腰です。日本と同じく中国のビザ発給停止を受けた韓国は、一部で日本よりもキツイ対抗措置をとっています。それなのに日本は抗議しているだけなのです。「韓国ですらやっている」などといった話ではなく、それをやるのが外交の常識であって、それを日本がやらないことが不思議でなりません。日本の外務省はいったい何を考えているのでしょう。韓国がそれなりに措置をとっているため、日本の弱腰が一層目立つことになりました。

中国からのインバウンドのことを気にしていると言われたりもしましたが、私としてはそれよりももっと大きな問題があるような気がします。林芳正外相や連立与党を組む公明党は中国に対してすごくシンパシーを感じているようですから、そのあたりの影響はなかったのか……。

ともかく、おかしすぎる話です。なぜか特に中国に対しては、相互主義ではない対応が目立ちます。中国が無人機を飛ばしてくるのであれば、日本も飛ばしていけばいい。領海侵犯をされたなら、日本も同じことをやればいい。すべてを同じにしていけばあるところで止まるはずです。

それなのに何事においても「専守防衛」といっていつも受け身でいる。これが国際社会の常識からはまったくズレているということは、もっと知っておくべきです。

日本の対応については外務省と政治家の両方に問題があって、どちらにも親中派の人が少なからずいるために、これまでずっと弱腰な対応をすることが当たり前になっていました。今は大臣がそうなのだから、より相互主義はやりにくくなっているのでしょう。

韓国がまともな対応をしているのに、日本が弱腰でいるというのは情けない話で、こういうことを野党もマスコミももっと指摘していけばいいのです。「韓国はこういうふうにしていますが日本はどうするのですか?」と言えばいい。しかしマスコミもそういうことをしようとしません。

そもそも中国がビザ発給停止したのは、日本が「中国はせめて新型コロナウイルスのゲノム解析をして、それを公表してください」と言ったことがきっかけになったものでした。

これも相互主義で、「日本はちゃんとゲノム解析をして公表していますから、中国もやってください」というだけのことなのですが、中国はそういうことは無視をする。それだとふつうの感覚ではお付き合いはできません。付き合っていくのであれば、前提として中国がそういう国なのだと認識したうえで、相応の対応をしていくしかないのです。

中国の秘密警察が日本にもある

現状の日中間関係は、相互主義からかけ離れたものとしか言えません。それどころか中国が国際法に反して、日本国内での活動を広げようとするかのような動きさえ見られます。

2022年12月19日、外務省は自民党の外交部会などの合同会議で、日本国内に中国の秘密警察が存在する可能性があると説明しました。

もともとはスペインの人権監視団体「セーフガード・ディフェンダーズ（Safeguard Defenders）」が公表したもので、その報告書では「中国の警察当局は日本を含む欧米諸国など53カ国102カ所にその拠点を設置している可能性がある」としています。

外務省によると日本の2カ所に中国警察の拠点が存在するかもしれないといいますが、これは発覚したのが2カ所というだけで、本当はもっとたくさんあるのかもしれません。

ともかく中国とはこういうことを平気でやってしまう国なのです。民主主義的な思考が通じない異質の国であることを、私たちは常に理解しておかなければいけません。

スペインの団体は、中国の秘密警察が「習政権が海外に在住する中国人を監視し、場合によっては強制帰国させるためのもの」と論じています。しかし、本当に在留中国人だけに対応するものなのでしょうか。

2022年末、中国でスパイ容疑をかけられて6年間拘束されていた日本人が帰国しました。

その人のことは私も多少知っているのですが、中国と日本を頻繁に行ったり来たりしていた人です。そのため基本的には中国政府の話をよくしていて、どちらかというと中国寄りの人ではないかと思っていました。

ある日、その人が中国の空港にいると、急に何人もの人がやってきて、空港を出たところで「こっちに乗りなさい」と言われてそのまま車に乗せられたそうです。その人は「身分証明書を見せろ」と言われたのですが一切見せないでいると、目隠しをされて古びたホテルのようなところに連れていかれ、そこから監禁されることになったといいます。

「日本大使館の人を呼んでくれ」と言っても一切聞き入れられない。中国ではこういった国家安全保障上の話になった場合、逮捕する前に隔離できる制度があるそうです。それで「逮捕ではなく隔離だから」という理由で、大使館の人を呼んでくれなかった。ふつうの国ではあり得ないやり方ですが、それが中国国内の法律にはある。しかもどんな容疑かは一切明らかにされないままずっと取り調べがあって、そこから起訴になり、判決が下され、刑務所に入れられました。

逮捕されてからよりも隔離されていたときのほうが待遇は悪かったともいいます。隔離されていた間は四六時中部屋のなかに押し留められていて、まったく太陽を見ることもできない。夜も電灯がついたままで、トイレに行く際にもずっと監視されている状況だったそうです。これが逮捕の前のことで、拘留所での拘留ということでもありません。そこで半年間いたというのだから人権侵害にも関わりそうな話なのですが、そういうことを日本のマスコミは積極的に報じようとしません。

じつは私も「中国へ行ったら危ない」と政府から言われています。私が勤める大学は中国の大学との提携があって、交流授業では当初、私も中国で行われるシンポジウムに出席することがありました。ところがあるときから「髙橋さんは危ないからあまり行かないほうがいいですよ」と、政府に言われるようになったのです。先に記した監禁事件のような、逮捕されなくとも隔離される制度が中国にあることは、そのときに聞きました。隔離されれば当然スマートフォンなども取り上げられますから、そうなってしまえば本当にどうしようもありません。

そういったことを中国国内だけでやっているのであれば、中国へ行かなければ済む話です。しかし、中国の法律は基本的には域外適用ができることになっています。だから中国の秘密警察の拠点が日本国内にあるならば、私もある日突然、秘密警察によって拘束されてしまうかもしれません。ふつうに考えれば、中国の人が日本国内で私を拘束すれば、それはただの犯罪です。しかし中国の海外拠点がある以上は域外適用ということで、中国政府の判断としてそれができてしまうかもしれないのです。

　ふつうの国であれば、逮捕していないのに拘束できるというそんな制度がまずないし、拘束されたとなれば弁護士や大使館の人を呼ぶことはできるものですが、中国相手ではそれもできません。

　ある日突然、日本の街中を歩いているときに車に詰め込まれて、といったことがあるかもしれない。中国の警察拠点がある以上、日本国内であっても安全だとは言い切れません。それでなくとも日本の国内はいろいろと緩いところがあって、韓国の金大中が大統領になる前の1973年に来日した際には、韓国中央情報部によって拉致されています。

　中国の秘密警察が権限を行使するのは、もっぱら在日の中国人に対してということになるのでしょうが、中国側のロジックで日本人も対象にする可能性はゼロとは言えません。域外適用というのは「世界中が中国の法律に準じろ」と言っているような無法な話で、やはりそんな恐ろしい国の恐ろしい施設は早急に撤去しなければいけません。外務省は「容認できない」などと言って抗議を表明するだけで済ませている場合ではないのです。

　どのように撤去するかは外務省の問題になりますが、果たしてどこまで強制的にできるのか。この秘密拠点で勤務しているのは中国人のはずですから、その在留許可を取り消して職員たちをすべて国外退去させれば撤去できるのだろうとは思います。

　中国側は一応、この施設のことを「行政サービスのためのもので、警察行為は行っていない」などと言っているようですが、それが本当であっても許されるものではありません。中国国内の行政サービスをするのであれば、日本に届出をした場所でしか行うことができず、そのために在外公館があって、そこで在日中国人に対する行政サービスを行うことになっているのです。だから「国内サービスをやるのだ」と言ったところで、存在すること自体が違法です。

もしも日本人の誰かが中国当局からスパイ容疑をかけられて、こんなところに捕まってしまえば外部と連絡を取ることもできずに行方不明の扱いになるかもしれません。そういったことが日本国内でも起こり得るというのは本当に恐ろしいことだと思います。本来、秘密警察というのはあってはならないもので、日本の私権侵害にあたる違法行為です。

施設については具体的な地名もわかっているので私も見に行ったことがあります。ふつうのビジネスホテルのような雰囲気の建物でした。

中国ハニートラップ事情

中国の秘密警察ということでは、自民党の松下新平参議院議員が問題とされる団体の常務理事である中国人女性と〝密接〟な関係にあり、さらには同団体の「高級顧問」という役職に就任していたことが2022年11月の『週刊新潮』で報じられました。

記事によると松下さんはその女性を「外交顧問兼外交秘書」として雇い、名刺を持たせて、参議院議員会館に自由に出入りできる通行証までを与えるとともに、いろいろな省庁のレクにも同席させていたということです。

これが事実であればとんでもない大問題で、そうしたところで出された資料などは間違いなく中国側に流れています。

こんなに酷い話なのに、なぜか地上波テレビなどの大手メディアではほとんど触れられませんでした。野党からすれば与党を攻撃するかっこうの材料にもなりそうですが、これも目立った追及は行われていません。また自民党のなかでこの話をしても「えっ？」としらばっくれる人が結構います。しかしこの件は、2021年から週刊誌に出ていたのだから、知らないはずがありません。

そのような態度を見てしまうと、その人たちもみんな同類なのではないかと訝しんでしまいます。

自民党の有志の議員にはこれを問題視する人もいますが、とにかくテレビなどが報じないことが不思議でならない。結局のところマスコミも、中国によるなにかしらの罠にはめられているのかもしれません。

まだ私が30代の役人だった当時、大蔵省の偉い人といっしょに中国へ行ったことがありました。私は課長補佐だったので秘書のような役割でついていったのですが、そのときにお偉いさんが「髙橋君、中国というのはすごいところなんだぞ」という。

この人は出張に奥さんを連れてきていて、そういうことは公務員の出張ではあまりありません。「でもね、妻を連れて行かないとハニートラップがあるから危ないんだよ。髙橋君も私の側近だということで、ハニトラがあり得るかもしれないから気を付けなさい」。

そう言われたものの、私はそれがどういうものかわかっておらず、宿泊先のホテルに戻ると、ほどなく部屋のドアがトントンとノックされました。それでのぞき穴から見るとびっくりするぐらいの美人が立っているのです。昼間のうちに雑談のなかで私の好みの女性のタイプを聞かれていたのですが、ドアの前にいた女性はまさにその通りの人でした。

このときにドアを開けたらアウトです。私は事前に話を聞いていたから、さすがにそこで引っ掛かるわけにはいきません。「絶対にノーサンキューだ」と、言い切って帰ってもらいました。事前に忠告を受けていなかったら私も危なかったでしょう。

そのような体験をして以来、あくまでも私なりの仮説ですが、中国に単身で行く人は怪しいと思って見ています。

なにしろ課長補佐程度の若造だった私レベルにまでハニトラを仕掛けるぐらいだから、これは相当広い範囲の人たちにまで行われていたに違いありません。日本人だけでなくアメリカなど他国の政治家もたくさん引っ掛かっているはずです。政治家や官僚だけでなく財界人や研究者にまでハニトラの魔手は伸びているのかもしれません。

中国にしてみれば他国にスパイを送り込んだりするよりは、たった一人を派遣するだけで済みますから、うまく取り込めればものすごくコストパフォーマンスが高いのです。

それなのにハニートラップについての証言をする人が少ないのは不思議でなりません。何度も中国へ行っている某国会議員に「それじゃあ、たくさんハニトラに遭ったでしょう」と言ったら、さすがにその人は「こっちは仕事で行っているんだ！」と怒っていましたが……。

それでもやはり中国はハニトラを「コスパのいいスパイ活動」として日常的にやっているように思われます。その目的は政府の情報をとったり、動きを監視するためです。

ハニトラに関しては安倍さんがおもしろい話をしていました。小泉政権のときに安倍さんも訪中団の一人として行ったのですが、「他の人は美女を充てられるのに、自分のところには美男子が来るから、何か勘違いをされたんじゃないかなあ」と、結構いろんな場でしゃべるのです。

それが場を盛り上げるためのジョークだったのか、本当に起きたことだったのかは私にはわかりませんが、とにかく中国でそのようなことが頻繁にあるのはたしかです。

私はハニトラに引っ掛からなかったからこういう話もできますが、一緒に行った人たちはみんなこのことに触れようとしません。なぜこんな話を黙っていられるのかと思ってしまいます。

そしてハニトラは中国国内だけでなく日本国内でも行われていて、それに引っ掛かる人もいるに違いありません。なお、これはあくまでも私の論理的推論であって、誰がどうだと言っているわけではありません。

こうした国家的リスクを避けるために、せめて国会議員は身の周りのことを自分できれいにできないことには話になりません。そして国としてはスパイ防止法をきちんと制定する必要があります。逆に考えると、スパイ防止法制定が進まないのは、すでに国会内部にハニトラに引っ掛かっている人がいて、その人たちが法制に反対しているのではないかと思ってしまいます。

公明党が親中である理由

自民党と連立与党を組む公明党。その支持母体は言わずと知れた創価学会です。宗教的な面からの創価学会と公明党の関係の評価となると、正直なところ私にはよくわかりません。宗教については人それぞれの見方があるので、論ずるには難しい。どんな宗教であれ信仰は必要不可欠で大切なものだと考える人もいるでしょうし、宗教に興味のない人はどんな宗教であれ、熱心に信じているだけでカルトのように受け止めるのかもしれません。

公明党がなぜ親中なのかというのは、歴史上の常識に属するような話です。

2022年は日中間の仕事に携わる人にとってはすごく重要な年でした。1972年9月29日に「日本国政府と中華人民共和国政府の共同声明」(日中共同声明)の調印式が行われ日中国交正常化が成立して、安倍さんの国葬儀が催された2日後は日中国交正常化50周年記念日にあたりました。

日中国交正常化の際、日本側の首相は田中角栄で、中国側には毛沢東主席と周恩来首相がいました。当時の中国のトップはもちろん毛沢東でしたが、直接の交渉にあたったのは周恩来で、この人はものすごくやり手だったと言われています。

そして日本側も田中角栄首相がすべてに関わったわけではありません。国交正常化の4年前になる1968年、当時創価学会の会長だった池田大作さん（現在は名誉会長）がなぜか中国をものすごく持ち上げる発言を始めて、中華人民共和国の正式承認と日中国交正常化、中国の国連加盟などを提言しました。同時に論文も書いていて、そのなかで「これからは中国と手を携えてやっていかなければいけない」ということを言っています。

どうして急にそういうことを言い出したのかは謎に包まれたところがありますが、一応は「池田大作さんが中国に対して良心の呵責のようなものを感じて、そのためにまだ当時は世界の表舞台には立てずにいた共産主義の中国を引き立てて、これから仲良くしていこうと言った」とされています。

実際にいろいろなところで中国をベタ褒めして持ち上げ、創価学会全体として中国に対してそういう立場を取るようになると、その頃の公明党はまだ立党されたばかりの政党でしたが、公明党の委員長を中国に派遣したりして日中国交正常化の事実上の仲介役を務めることになったのです。

池田大作さんという存在は、公明党の人たちからすれば神様のようなものですから、当然みんなが「ははあ」と従います。その時代の自民党政権はまだ公明党と連立を組んでいませんでしたが、うまく公明党を利用する形で国交正常化への地ならしをしていきました。

中国はこうしたことを恩に感じているので、その後も公明党の人たちをものすごく丁重に扱い、毎年のように訪中団を受け入れたりしてきました。創価大学においてもその当時から、中国からの留学生をすごくたくさん受け入れています。

中国にとって創価学会と公明党は日本における最大級の支持団体であり、その関係が50年間ずっと続いてきたのです。

そして公明党が「自公政権」として政権与党になったことで、中国は公明党を経由して政権内での中国の影響力を高めています。たとえばウイグルの人道問題に対する非難決議のときも、自民党の人間がいくら言っても公明党が反対するため「中国を非難する」などといった文言はまったく出てきませんでした。50年以上もの深い関係を続けていれば、お互いに持ちつ持たれつになっているのでしょう。

本来、中国国内において宗教は認められていません。それなのになぜ創価学会が中国に入り込んでいったのか。関係を築いたところで中国内での布教を許してくれるとかいうこともなく、創価学会にとっての表立ったメリットはほとんどなさそうです。それにもかかわらず一方的にのめりこんだのは純然たる池田大作さんの善意なのかもしれないし、あるいは何か他の理由があるのかもしれない。そこのところは私にはわかりませんが、とにかく50年以上にわたって深い関係を続けてきました。

池田大作さんの主義主張は「世界平和」ということです。しかし皮肉なことに、中国の共産主義は、現在の世界情勢において世界平和における最大の不安要因の一つになっています。

だから創価学会という宗教自体への評価は私にはできませんが、事ここに至って「創価学会の中国愛」については、日本にとって決して好ましいこととは思えません。

政治と宗教の関係などと言い出したときに、日本においてもっとも政治的な宗教団体が、創価学会であることはたしかです。しかしマスコミはその部分には一切触れないで旧統一教会（世界平和統一家庭連合）ばかりを叩いています。

そうして旧統一教会とちょっと関係のある人が血祭りに上げられているのは、私からすると非常に不思議なことで、何か奇妙な感じを覚えます。

国際機関のトップをとることの意義

中国はさまざまな国際機関のポストを奪うことで、これらを中国色に染めようとしています。直接トップに立たなくとも、たとえばＷＨＯに強力な援助をするなど間接的にも影響力を強めています。

さまざまな分野における国際基準が、西側自由主義の基準で決まっていくことに対抗するための中国の国家戦略の一つということなのでしょう。

これまでリベラルな主張をする人たちは、「中国を取り込むために国際機関に中国人を登用しろ」という言い方をしてきました。民主主義国が主導してきた国際機関に中国を取り込むことで、民主主義国側になびくのではないかという考えがあったのは事実です。

また従来の国際政治理論では、ある国との貿易をたくさん行うとともに国際機関に取り込む形にすれば、その国との間で戦争になる確率がわずかに減るという研究結果がありました。貿易などでの交流が増えれば、戦争によって分断されることのマイナス部分が大きくなるため、なるべく争いを避けようとするというロジックです。

しかし最近になって、そういった考えは弱まってきています。ロシアがウクライナとの戦争の際に西側へのエネルギー輸出を制限したように、貿易をやればやるほどそれが脅しに使われることがわかってきたのです。また貿易などの交流のなかでさまざまな技術が盗まれるという事態も頻発しています。

こうしたことへの反省から、近年になって「経済安全保障」という考えが生まれました。経済の結びつきがあまりにも深くなると、安全保障の面で危険が生じるという考え方です。もともとの実証研究では「貿易依存度が増えれば戦争確率はわずかに下がる」というデータがあったのですが、それがどんどん弱くなってきたわけです。

「国際機関に取り込めばなんとかなる」ということについても、やはりロシアのウクライナ侵攻でわかったように、国連の安全保障理事会はロシアが拒否権を持っているために何も決められないでいます。強権国家を国際機関に入れることで民主的に主導するという考え方は、もはや無意味になっているのです。

それどころか、逆に中国が国際機関のポストを奪ってどんどん牛耳っていくことで、世界のルールを中国に有利なものへ変えようという動きも顕著になってきました。

そんななかで2023年1月1日、情報通信などの国際規格を定める国連の国際電気通信連合（ITU）の重要ポストである電気通信標準化局長に、日本人が就任しました。

これについて日本経済新聞は、「局長選挙は日本政府が全面支援した。背景には次世代の通信規格6Gの国際ルールづくりで中国に対抗したいとの日本の焦りがある」などと報じています。

しかし、これは単に国際機関のポストに日本人が就いたというだけの話であって、焦りがどうのこうのということではないでしょう。現実問題として、日本人がポストに就いたからといって特別に日本が有利になるわけではありません。「国際機関のトップは、日本人や西洋人の中国にあまりなびかない人がなるほうがいい」という程度の意味しかありません。国際機関のポストを民主主義国で押さえることで、中国色を抑えていくというディフェンシブなやり方です。

その意味では、日本人がポストをとるのは決して悪いことではありません。しかし日本人がポストをとったから日本がよくなるという話ではなく、中国にとらせないことがポイントになっているわけです。

日本政府が全面支援といっても、それは局長ポストをとるところまでの話です。ITUの局長になったからといって、通信規格を日本が牛耳るなどということはできるわけがなく、ただ案件をまとめるだけに過ぎません。特に通信規格はビジネスベースのものが多いため、政府が主導してなにかできるということはほぼないでしょう。この手の話はほとんどの部分がすでに特許で固まっています。

通信規格の6Gと聞くと特別に進歩したもののように思うかもしれませんが、これも5Gの延長線上のことでしかありません。5Gから6Gになるとどう変わるのかについてはまだわかりませんが、「G」はジェネレーションの略ですから、コンピュータの第何世代というのと同じようなことです。性能が高くなって、通信を速く大量に行うことができるようになるのはたしかでしょうが、それによって世界がガラリと変わるのかといえば、そこまでは現段階ではわかりません。

実際、スマートフォンが4Gから5Gになったといっても、表示が4Gから5Gに変わるぐらいのことでしかなく、「5Gで通信環境が劇的に変わった」と実感している人はほとんどいないでしょう。

まだ5Gの基地局が弱いということもあり、これからどんどんインフラ整備が進めばさらに変化はするでしょう。実際のところ通信速度にしてもSDの容量などにしてもこれまでにものすごく進歩はしているのですが、しかし人間の欲求もどんどん上がっていきます。そのため「もっと通信がサクサク動くようになればいいのに」と感じているところに、ようやく5Gが追いついてくるといった程度のことで、5Gが完全に普及しても「すごく速くなった」という実感は得られない。データが大容量になって高画質が見られるといっても、だんだんそれに目が慣れてくるから、特に優れているようにも思わなくなってしまうのです。

2023年世界経済の見通し

世界経済を見渡したときに、中国は経済成長率が落ちていて、習近平が強権政治をやっているうちは経済成長にあまり期待はできません。

アメリカは激しいインフレに苦しまされてきましたが、だんだんインフレ率は収まりつつあるようです。そうなったときに失業率が高まるか高まらないかが問題になってきますが、おそらく急に失業率が高まることはないように思います。その意味で、あまりおかしな経済にはなりません。経済というのは失業率が高くなることが非常にまずいのであって、株価だけを見ていてはダメなのです。

アメリカの毎月の雇用統計がニュースで大きく取り扱われるのもそのためで、それを見る限りでは就業者数は増加傾向。失業率も低下しているので、アメリカの経済はすごくよくなるということはないかもしれませんが、平均的な状況におさまるものと思われます。

それでもロシアとウクライナの問題は当面続きそうなので、これによって世界経済に足かせがつけられた状態はしばらく続くのだろうと思います。

ウクライナとロシアが小麦のシェアでは世界の約3割を占めているわけですから、小麦の生産は当分の間は活発にはなりません。エネルギー価格についても急に下がる危険性は少ないように思われます。ロシアが経済制裁を受けている限りはずっと、エネルギー供給は少ないままですから、価格は高止まりになるでしょう。

第三章

2023年日本経済の大問題

利上げは暗黒経済の第一歩

岸田政権において進められる経済政策はまったく擁護できません。2022年12月20日、日銀の黒田東彦総裁は記者会見を開き、従来+－0・25％程度としてきた長期金利の変動許容幅を+－0・5％に拡大する方針を示しました。

これについて当初は「利上げではない」「出口戦略ではない」という人もいましたが、まったくそんなことはありません。「利上げではない」と言ったところで、黒田さん自身が同年9月26日の記者会見で「幅を上げたら利上げと思われますが、その考え方でいいですか」という質問に対して、「それはそういうことになると思います」と答えているのです。

アベノミクスの下で異次元の金融緩和を実行し、ずっと利上げをしないでいた黒田さんが、なぜここにきて金利引き上げを了承したのか。黒田さんはこの発表の少し前に岸田さんと会っているので、そこで怒られたのではないでしょうか。

なぜ怒られたかというと「円安で酷いことになっている」という世論があって、これに対して黒田さんは「円安は問題ないし、金融緩和の方針も変えない」という態度をずっととってきたからです。これは金融政策として正しかったのですが、しかし、岸田さんからそこに文句をつけられたのでしょう。そうすると黒田さんは官僚なので、それまでのアベノミクスではなく岸田さんのほうを向かざるを得ません。そういうことがなければ、これだけの方針変更はできないはずです。

「円安のせいで物価が上がって大変だ」というのはアベノミクスと真逆の、はっきり言うと誤った考えです。アベノミクス、つまり正当なマクロ経済を理解していれば、円安になればなるほどGDPは伸びるということがわかるはずです。だから「円安などはまったく気にしません」というのが当然の反応になるのですが、岸田さんは目先の「円安で少し物価が高くなる」という世論の批判をすごく気にしてしまった。そして、黒田さんもそんな岸田さんの意向にそのまま従ってしまったわけです。

黒田さんは会見で長期金利の変動幅の拡大について、「金融緩和の効果が企業金融などを通じてより円滑に波及していくようにする趣旨で行うものであり、利上げではない」と言いました。しかしその字面だけを見て擁護する気はまったくありません。これは明確な利上げであり、これによって成長率は下がるし、株価も下げることになるでしょう。

現実にもすでに長期金利は上がっています。そうすると企業向けの設備投資資金の長期固定ローンも上がってくる。さらに言うと、国債金利も上がったのだけれど、政策において重要なのは、国債金利から予想インフレ率というものを引いた実質金利です。

これについてはどういう数字で見たらいいかというと、10年ものの物価連動債がだいたいそれに近い。そしてこれも上がっていますから長期に関しては、名目金利だけではなく、実質金利も上がっていることになります。

変動金利は短期プライムに連動しますから、まだすぐには影響がないけれど、4月に日銀が植田和男総裁に代わった後にはどうなったものかわかりません。

利上げで得するのは金融業界だけ

日銀は長期金利の変動許容幅を変更した理由に、イールドカーブコントロール（YCC）の運用の見直しを挙げました。

イールドカーブとは金利と年限の関係を示したもので、日銀の発表した「イールドカーブコントロール（YCC）の運用の見直し」という資料にある折れ線グラフ（図2）がそれにあたります。これを見ると、10年のところだけが少し下がっていて、日銀は変動許容幅を変更することで、このへこみを修正してスムーズにしたいという言い方をしています。

しかし、へこみをスムーズにしたいのであれば、08年と09年のところだけ少し金利が高いので、金融緩和によってなだらかにする場合は、山になっているところを下げればいい。そのために一番いいやり方というのは、日本銀行が発表した資料にも書かれている「国債買い入れ額の大幅増額」を行えばいいのであって、長期金利の変動幅拡大というやり方はまったくの間違いです。それをすると、10年のへこんでいるところがポンと上がりますが、結局のところは利上げになります。

やるべきことは「各年限における機動的な対応」というだけなのに、長期金利の変動幅

図2

国債のイールドカーブ（12月決定会合前）

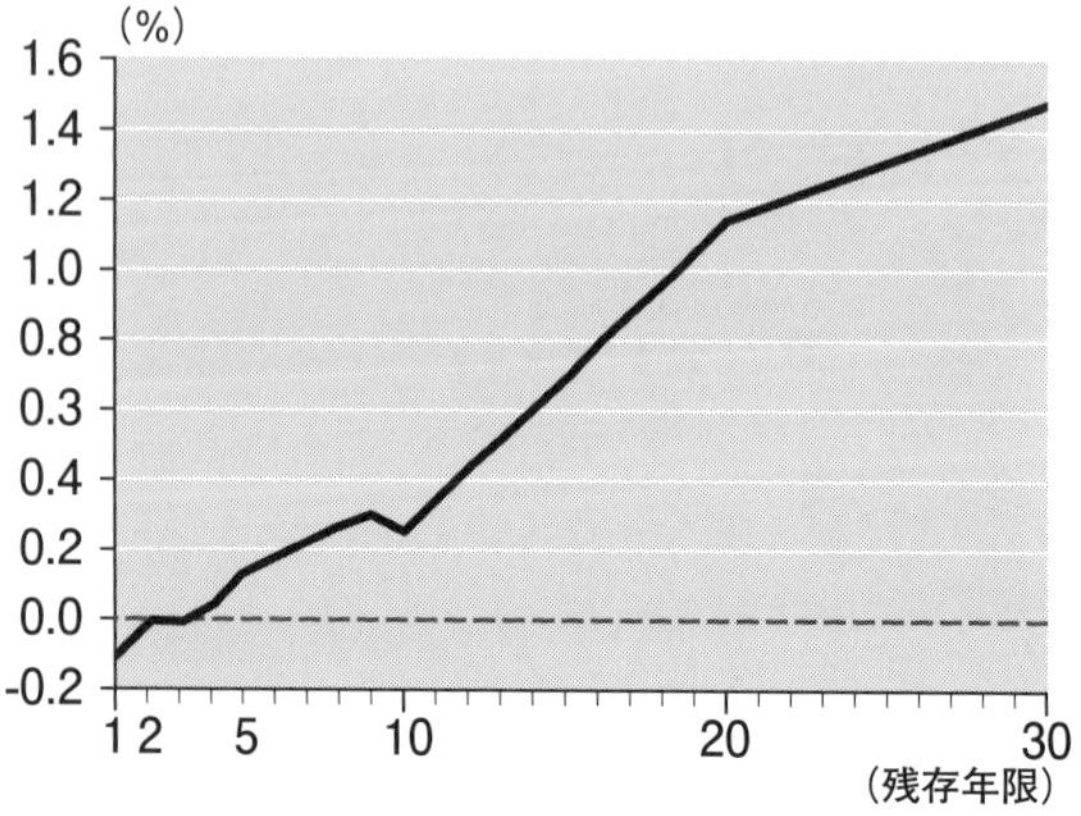

拡大ということをやってしまった。これは10年度の利上げをしたいだけのことでしかありません。やはり、黒田さんがよほど岸田さんに厳しいことを言われたのだろうと推察できます。

金利幅拡大の方針が報じられると、日本の上場企業のほとんどの株価が下がるなかで、金融機関の株だけは上がりました。それも当然のことで、長期金利が上がれば銀行の収益にとって確実にプラスになります。アベノミクスの低金利政策が続いている間、金融機関は苦汁を飲まされてきました。安倍さんが首相の時代には、銀行業界が何度も「金利を上げてほしい」ということを言ってきたそうです。そんな話を安倍さんから聞いて、私は「金融業界よりも日本全体が大切だ」と言ってきました。金融業界を儲けさせるために国民経済を蔑ろにするわけにはいきません。

しかし今の岸田さんの周りにいる財務省関係者は、内閣官房副長官の木原誠二さんも含めて金融業界と縁の深い人が多い。だから、そういった筋からの話ばかりが岸田さんのところへ入ってくるのでしょう。

こうした流れを「利上げではない」などと言うのは本当にとんでもない話で、本質的には完全に利上げであり、金融引締めです。そして、その影響は早速株価の下落という形で表れています。

メディアは「金融緩和策から引締めに政策転換するための出口戦略」などと世論誘導をしようとしていますが、こんなものが出口であるはずはない。岸田さんによるただの「反アベノミクス」の表れに過ぎず、財務省やマスコミが撒き散らしている「悪い円安論」というデタラメな論調にお墨付きを与えるようなことにもなりかねません。

少しうがった見方をすると、円安になると外為特会の含み益もどんどん膨らむので、それを防ぎたかったということがあったのかもしれません。含み益が大きくなって何が悪いと思うでしょうが、しかし、それは財務省が増税を行うためには邪魔でしかないのです。

黒田さんは官僚ですから、個人としての信念やポリシーなどはありません。「異次元の金融緩和」も、安倍さんの方針に従ってやっていただけです。もしも黒田さんなりの金融政策への思いがあるとすれば、黒田さんは主税局にいた時期が長いから、むしろ増税に対する憧れの気持ちのほうがあるのかもしれない。安倍政権での消費増税にも賛成していたし、基本的に増税には好意的なはずです。

だから今回も、岸田さんが防衛増税を言ったことに感化されて、それで引き締めをやったのかもしれません。ともかく利上げはもうやってしまったのだから、これをひっくり返すことはできません。

ノーベル賞理論が理解できない日経新聞

私が1998年から2001年までプリンストン大学へ行っていたときに学部長だったのがベン・バーナンキで、彼には公私ともどもお世話になりました。

その経済学の話は非常に参考になり、せっかく国費で留学したのだから是非ともそれを日本で活かしたいという、その当時の思いは今も続いています。

私がプリンストン大学へ行った頃は日本経済が酷い状況だったので、バーナンキ氏は日本に関する厳しい論文を書かれていました。私は政府の派遣で行っていたのだから、それが徹底的に批判されたのでは黙っているわけにいきません。いろいろと議論をしたのですが、話してみるとどうも彼のほうが正しい。それで彼の理論を信用するようになったところはあります。

そんなバーナンキ氏が、2022年にノーベル経済学賞を受賞しました。どういう業績によるものかというと、彼はもともと1930年代に起きた非常に大きな経済変動、いわゆる大恐慌の研究をしていました。そのエッセンスを極めて簡単に紹介すると「多くの金融機関、主に銀行が潰れると経済はものすごくダメージを受けて金融恐慌になる」というようなことになります。

２００８年前後に起きたリーマンショックという大きな経済変動の際に、当時ＦＲＢ議長だったバーナンキ氏は大恐慌の研究を活かしてうまく対応しました。

さらに最近のコロナショックにおいても、彼の理論を参考にしてアメリカは非常にうまく対応することができました。この２つの危機を彼の理論によってうまく乗り越えたことが、ノーベル賞受賞の大きな理由となりました。これまでノーベル賞は学術的な研究だけに対して与えられることが多かったのですが、バーナンキ氏はその研究が実社会に役立ったことで受賞をしたわけです。

現実に照らして考えてみても、世間の役に立つ経済学でなければたいして意味はありません。バーナンキ氏自身も「学問だけでやっていてもしょうがないんだ」ということをいつも言っていました。

ところが日本経済新聞あたりは、このバーナンキ氏のノーベル経済学賞受賞について、詳細を書くことができません。なぜならば、これまでにバーナンキ氏は日経新聞が報じる記事の内容を完全否定することが何度もあったからです。

以前、バーナンキ氏が来日して講演をする際に「洋一、何かいい題材はないか」と聞かれたことがありました。それで私は、「日本においては中央銀行の独立性というのがまったく理解されていないので、それについて話したらどうでしょう」と言いました。

中央銀行の独立性ということについて、日経新聞などは「日銀が日本政府から独立していろいろな金融政策を行うこと」と書きます。しかし世界の標準はそうではありません。独立性については「目標の独立性＝goal independence」と「手段の独立性＝instrument independence」というはっきりと区別された2つの概念があります。そして日経新聞などが中央銀行の独立と書くときには「手段の独立性」と「目標の独立性」の両方を含めるものとしています。しかしバーナンキ氏に言わせると、「中央銀行にgoal independenceはない。あるのはinstrument independenceだけだ」ということになります。これは「目標は政府が与えて、日々のオペレーションだけは中央銀行が独自に行うことができる」という意味です。言うならば、一般的な企業における親会社と子会社の関係と同じなのです。

この点が日経新聞はまったく違っていて、私はそこが面白いとバーナンキ氏に伝えると、彼は講演でそのことを完ぺきに話していました。ところが翌日の日経新聞では、バーナンキ氏の講演内容を報じた際にその部分だけがすっぽりと抜け落ちていました。

ヘリコプターマネーの真意

バーナンキ氏は「ヘリコプターマネー」という言い方をしていて、これを多くの人は「ヘリコプターに乗って空からお金をばら撒くような乱暴な金融政策」としてイメージするようですが、本当はそうではありません。

彼が言っていることは、まず政府が国債を出す。一方で中央銀行はその国債を買い受ける。そうすると財政政策と金融政策の両方を行うことができる。そのことを「ヘリコプターマネー」と言っています。これに反対する人は、彼の理論を揶揄するようにお金を直接ばら撒いている様子をマンガに描いたりするのですが、それはまったくの間違いです。

彼の論文をきちんと読んでいないからそういう表現をしてしまう。そして、「ヘリコプターマネーなどやってしまうとハイパーインフレになる」と、ほとんどデマに近い煽りをやったのが日経新聞です。しかし実際にバーナンキ氏はリーマンショックへの対応でヘリコプターマネー政策を実行し、コロナ不況でも似たような政策が行われたことで、アメリカ経済は救われているのです。

では日本はどうだったかというと、リーマンショック後の白川総裁の日銀は、欧米6カ国の中央銀行が協調利下げを行うなかで、利下げを見送りました。そのため当時の円ドル相場は90円台にまで高騰。日経平均株価は7000円台まで下落してしまったのです。

東日本大震災のときにもヘリコプターマネー政策を実行する機会がありながら、民主党政権はこれをできませんでした。

ヘリコプターマネーに近い政策を行ったのは、コロナショックのときの安倍政権です。安倍さんはこれを「政府と日銀の連合軍」と表現しました。実のところ、これは私がバーナンキ氏から教わった話を「こういうやり方がありますよ」と安倍さんに言って、それでできたものなのです。その結果どうなったかというと、コロナショックの後に日本は失業率がほとんど悪化していません。これは世界の先進国のなかで日本だけでした。

日経新聞はこうした安倍さんのやり方に対して、「ばら撒きなどダメだ」と書き続けていましたが、結果は安倍さん＝バーナンキ氏の理論が正解だったわけです。

こういった経緯がある以上、日経新聞はバーナンキ氏がノーベル賞をとったからといって取材しようとしてもうまくできるわけがありません。日本人のなかではバーナンキ氏と一番の知り合いである私のところにも、そのノーベル賞受賞に関する取材はありませんでした。日本の経済学者の多くには、むしろバーナンキ氏のことを小馬鹿にする風潮もあったのですが、ノーベル賞受賞後はみなさん一斉に口をつぐんでいます。

私がプリンストン大学へ行っていた時期には、同じくノーベル経済学賞を受賞したポール・クルーグマン氏もいました。それなのに彼らの理論を私が日本で紹介すると、あたかもそれが間違っているような妙な扱いをされてしまいます。そんな調子ですから今後、日本の経済学界からノーベル賞を受賞する学者はまず出てこないでしょう。

バーナンキ氏が日本に来たときにも、私はもちろん会いますが、日本の経済学者たちはあまり会おうとしません。論理的にヘリコプターマネーのような話をするバーナンキ氏に対し、それを批判してきたのが日本の学会の主流だったからです。ヘリコプターマネーというと「俗説的だ」と揶揄して、安倍政権が実際にそれによって結果を出してもなお批判的な態度を変えようとしないのだから、はっきり言って知的水準が低い。それだから日本の経済学者たちはバーナンキ氏の言葉を理解できないのです。

バーナンキ氏の言葉、それはリフレ政策と言い換えてもいいのですが、私はこれを日本に帰国した2001年からずっと20数年間言い続けてきました。最初の頃は「インフレ目標など意味がない」などと酷い言われようをしたものです。バーナンキ氏の理論を解説する書籍を出したときにも酷評されました。

そうした人たちは、バーナンキ氏の受賞をどんな気持ちで見ていたのでしょうか。ぜひともうかがってみたいものです。結局、知能の低い人は変な人の意見を信じてしまって、平気でそのままのことを新聞記事に書いたり、テレビで話したりしています。そして、そういう人たちが今になってもなお、アベノミクスの粗探しばかりをしているのです。

日経新聞を読むとバカになる

いまだに日本経済新聞のことを、正しく立派な新聞だと思っている人もいるのでしょう。しかし私は常日頃から「日経新聞を読むとバカになる」と言っています。間違ったことを書いているだけではなく、世論誘導を狙ったかのようなウソを書くことも少なからずあるのだから始末に負えません。

たとえば2023年度予算案決定後、日経新聞は「国債依存なお3割」との見出しの記事を掲載しました。「3割」というのがどこから出てきた数字かというと、図3の「令和5年度予算フレーム」のうちの公債金の数字が35兆6230億円となっています。これを全体予算の114兆3812億円で割り算をすると「3割超え」になるという意味です。

3割超えというと結構な数字に思うかもしれませんが、改めてその内容を見てみましょう。

まず歳出のほうには国債費が25兆2503億円となっています。その下の項目には「うち債務償還費」とあって、それが16兆3895億円と書いてある。これが一章でも説明した債務償還費です。つまり国債の償還のために歳出に立てている項目で、一般会計から国

図3

令和５年度予算フレーム

【歳出・歳入の状況】

（単位：億円）

	４年度予算（当初）	５年度予算	４'→５'	備考
（歳出）				
一般歳出	673,746	727,317	53,571	
社会保障関係費	362,735	368,889	6,154	
社会保障関係費以外	261,011	308,428	47,417	
うち防衛関係費（下記繰入れ除く）	53,687	67,880	14,192	
うち防衛力強化資金（仮称）繰入れ	-	33,806	33,806	○ 防衛力強化資金（仮称）は、防衛力強化のための財源の確保に関する法律（仮称）により創設予定。
新型コロナウイルス感染症及び原油価格・物価高騰対策予備費	50,000	40,000	△ 10,000	
ウクライナ情勢経済緊急対応予備費	-	10,000	10,000	
地方交付税交付金等	158,825	163,992	5,166	
国債費	243,393	252,503	9,111	
うち債務償還費（交付国債分を除く）	156,325	163,895	7,569	
うち利払費	82,472	84,723	2,250	
計	1,075,964	1,143,812	67,848	
（歳入）				
税収	652,350	694,400	42,050	
その他収入	54,354	93,182	38,828	
うち防衛力強化のための対応	-	45,919	45,919	○ 防衛力強化のための財源の確保に関する法律（仮称）によるもの14,750億円を含む。
公債金（歳出と税収等との差額）	369,260	356,230	△ 13,030	○ 公債依存度31.1%
債務償還費相当分（交付国債分を除く）	156,325	163,895	7,569	○ 建設公債　令４：6兆2,510億円　→　令５：　6兆5,580億円 特例公債　令４：30兆6,750億円　→　令５：　29兆650億円
利払費相当分	82,472	84,723	2,250	
政策的支出による赤字相当分（基礎的財政収支赤字）	130,462	107,613	△ 22,850	○ 財政収支赤字（利払費相当分と政策的支出による赤字相当分の公債金の合計）は、19.2兆円。
計	1,075,964	1,143,812	67,848	

（注１）４年度予算は、５年度予算との比較対照のため、組替えをしてある。
（注２）計数は、それぞれ四捨五入によっているので、端数において合計とは一致しないものがある。
（注３）税収には印紙収入を含む。
（注４）公債金の分類は基礎的財政収支や財政収支の観点から行ったものであり、公債金による収入が直ちに債務償還費や利払費に充当されることを意味するものではないことから、「相当分」としている。

【普通国債残高等の状況】

（単位：兆円）

	４年度末見込み（４年度当初予算ベース）	５年度末見込み（５年度予算ベース）	４'→５'	備考
普通国債残高	1,026.5	1,068.0	41.5	○ 財政収支赤字　19.2兆円程度 4年度補正予算における公債追加　25.6兆円程度 4年度補正予算における剰余金繰入れによる償還　△0.7兆円程度 前倒債の増　5.0兆円程度 発行実績の反映等　△7.6兆円程度 合計　41.5兆円程度
名目ＧＤＰ	564.6	571.9	7.3	
普通国債残高/ＧＤＰ比	181.8%	186.7%	4.9%	
（参考）国債発行予定額	190.0	193.8	3.7	
うち一般会計における発行額	36.9	35.6	△1.3	
うち国債整理基金特別会計における発行額	152.9	157.6	4.6	

（注）名目ＧＤＰは当該年度における政府経済見通しによる年度値。

債整理基金に繰り入れるという意味です。国債整理基金特別会計に繰り入れたものは債務償還に回すために必要な経費として記されています。

歳入のほうに公債金の項目があり、その下には債務償還費相当分とあって、これは歳出のほうと同じ16兆3895億円です。つまり歳出のほうに債務償還費を立てているから、国債がこれだけ増えるという意味です。これはつまり将来の国債償還のための資金を、新たな国債によって用立てるという意味になり、一般にあてはめると「将来の借金支払いのためのお金を借りてくる」というようなことになります。

財務省は「将来の償還のため国債整理基金に繰り入れる項目は必要だ」と言うのだけれど、債務償還のときには国債整理基金のほうで借換債を発行して調達することができます。だからその意味では債務償還費として、わざわざ一般会計から繰り入れる必要はありません。

実際にも、私が現役の役人だった時代にはこれを繰り入れない年度はありました。債務償還費を立てなかったぶんだけ国債整理金特別会計で債権発行をすれば辻褄が合うので何の問題もありません。

それで予算フレームのうち、歳入と歳出の債務償還費を両方とも落とすと、令和5年度の場合はそれぞれ16兆円減って、全体の予算は100兆円を割ることになります。

だから114兆となっている予算規模ですが、実質的には98兆円ぐらいだと言えます。

さらに、国債は約16兆円が減って19兆円ぐらいになるので、予算98兆円のうちの19兆円だと国債依存度は20％弱ということになります。そして、このようなやり方が世界の標準的なものであり、普通の先進国では両建てになっている債務償還費の計上がそれぞれ予算フレームから落とされるのです。

日経新聞は「予算案114兆へ　国債依存度なお3割増」などと、いかにも日本の財政が厳しいように書きますが、実質的には「予算案100兆弱　国債依存度は2割弱」というのが正しい予算の見方です。

そしてこれは一種の埋蔵金とも言えるもので、歳出を立てる際に債務償還費のところを防衛費に充てる形にすれば16兆円の予算が生み出せます。そうすると防衛増税も必要ありません。しかし財務省としては「国の借金がこれだけたくさんあるから財政危機だ」と言って増税を進めるために、国債をたくさん出しているように見せたいわけです。

予算フレームですべてがわかる

予算のことを本当に理解していれば、予算フレームの資料1枚だけで国家予算のすべてを説明することができます。多くの人たちは「○○費」といった細かいところを気にするのですが、そういったものはすべて頭に入れておいて、予算フレームで説明をする。予算フレームは全体像であり、最も基本的な資料なのです。

財務省でもこれをすらすらと説明できないようなレベルでは幹部になれません。逆に言うと、並みの課長クラスのなかにはそのような説明ができない人も少なくありません。

さらに新聞記者となると、この予算フレームで全体の説明ができる人はほとんどいないでしょう。予算の全体像を理解していないから、新聞では各科目の話ばかりが記事になるのです。

令和5年度の予算フレームは毎年のものとは少し違っているところがあって、歳出を見ると、「社会保障関係費以外」という項目があります。「社会保障関係費」が36兆8889億円あって、「社会保障関係費以外」は30兆8428億円。その下の項目に「うち防衛関係費」というのが6兆7880億円とあって、さらに「防衛強化資金（仮称）繰入れ」の

3兆3806億円がある。

このときに、債務償還費をばら撒いてみます。どうやって撒くのかというと、債務償還費の16兆3895億円を防衛強化基金に繰り入れると20兆円弱になる。そうするとやはり防衛増税などはいらないということになるでしょう。

予算フレームがわかるようになれば、このような議論ができるのです。実際にも財務省の幹部会のときには予算フレームを見ながらこういった議論をしています。

予算フレーム自体は公表されていてネット上でも見ることができるものですが、財務省はそのような予算の肝要な部分については絶対に新聞記者たちに説明しません。記者のほうも公表されているものを見ていないし、見たところで理解ができないでしょう。

だから最初に財務省は、ポイントだけを記したマスコミ用の資料を渡しています。ポイントというのは省庁ごとの予算関係のうちの記事にしてほしいところで、記者はそれを書き写して記事にしているのです。

たとえば今回出された防衛関係予算のポイントでは、「また、税外収入等を防衛力の整備に計画的・安定的に充てるため、新たな資金制度（「防衛力強化資金（仮称）」）を令和5年度に財源確保法（仮称）により創設予定。」とあります。つまり財源確保法が出されることは確実で、密かにこういった形で増税が進んでいることを示しているわけです。

しかし予算フレームで全体を見ることができれば、防衛力強化基金に債務償還費を繰り入れるというやり方で増税をなくせることがわかります。予算組み替えをするだけで簡単に増税を止めることができるのです。

16兆円あるのだから5年間で割り算をしたって3兆円以上の防衛予算をつくることができる。そうすれば岸田さんの言う「増税で毎年1兆円」というのはまったく意味がなくなります。

日銀の財政破綻などあり得ない

２０２２年11月28日、日本経済新聞は「日銀、保有国債に含み損８７４９億円　異次元緩和下で初めて」との見出しの記事を掲載しました。これを見て「日銀の財務問題が大変なことになっている」「中央銀行は債務超過になるのではないか」などと言う人がいます。

それは本当のことなのか。

中央銀行の財務の基本論を以下に解説します。これは基本的な簿記会計が理解できれば簡単な話で、日本銀行を取材している日経新聞の記者にはそのような知識がないのでしょう。

中央銀行の財務というと難しいことのように思うかもしれませんが、日銀のバランスシート（図４）を見れば一発でわかる簡単なものです。

資産のほうに国債が６００兆円あり、負債のほうには当座預金５００兆円と日本銀行券１００兆円の２つがある。実際には他に細かい数字がたくさんありますが、財務分析では無視してもかまいません。

これを見てすぐにわかるのは、日本銀行券と当座預金を足して、国債を６００兆円買い

図4

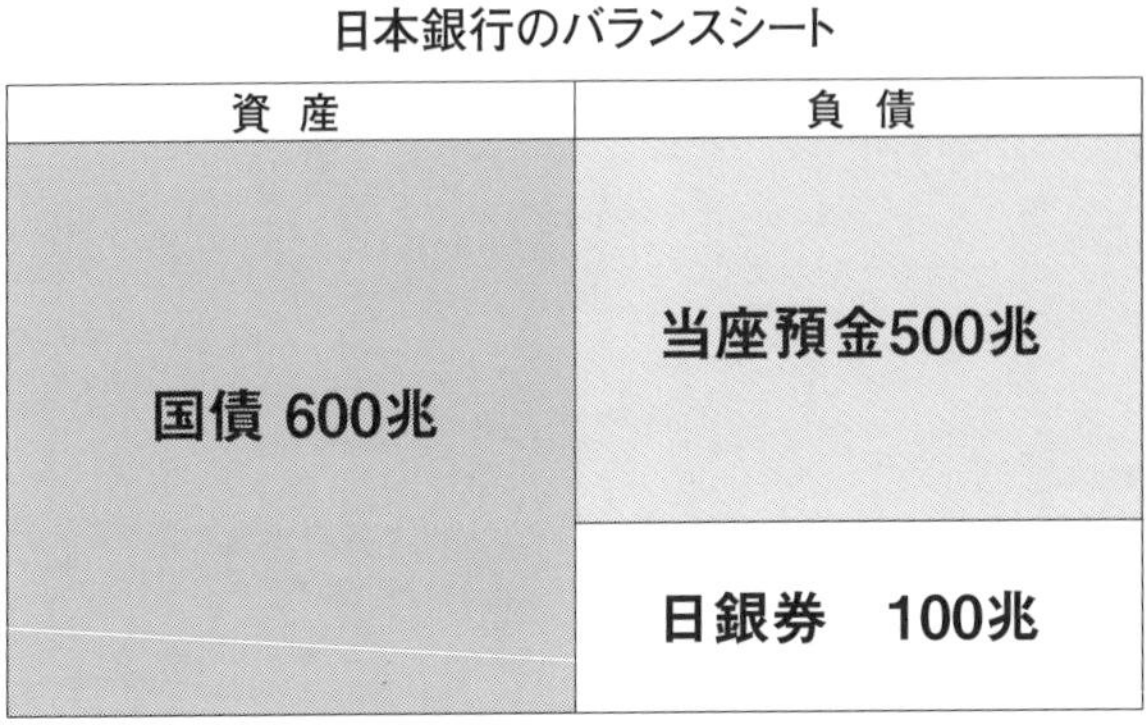

ましたというそれだけのことです。逆に言うと、国債を買うためには負債がなければいけませんから、日本銀行券を刷るか、日銀券と同じ価値の当座預金を必要分増やすかのどちらかになるということです。

　これほど簡単なバランスシートで表すことのできる財務構造になっている金融機関は日銀だけで、民間の金融機関ではこうはなりません。だからなかなかイメージを持ちにくいかもしれません。当座預金や日本銀行券がどういった意味を持つかがわかりにくいということもありそうです。

　日本銀行券という科目があるのはもちろん日本銀行だけで、これは要するにお札を刷っているということ。刷ったお札を自分の負債にカウントして、それで国債を買っているというだけの話です。当座預金は日銀券をいつでも引き出せるものとして民間金融機関に与えているものですから、全部が日銀券と仮定しても同じことになります。

つまり日本銀行はお札を刷ってものを買い、持っているものを売却すればお札が減るという、ものすごくシンプルな財務諸表になっているのです。

ふつうは負債が立てばなんらかの形で金利を払わなければいけませんが、日本銀行券は無利息無償還で、そんな負債があるのも日本国内では日本銀行だけです。当座預金も白川方明総裁の前までは日本銀行券と同じく無利息無償還でした。しかし白川総裁の「民間金融機関へお金を渡すため」の温情ということなのか、今は200兆円までに0・1％の金利がついています。つまり当座預金の利子分として、2000億円が費用としてかかっているわけです。

その一方で、資産のほうの国債は平均利回りが1％以上ありますから、資産収益として6兆円があります。冒頭の日経新聞の記事で「保有国債の含み損が8749億円」とありますが、これをざっくり1兆円ということにしても、600兆円の資産が599兆円になるだけです。もともとの収益が約6兆円あるのだから、そのくらいどうということはありません。

599兆円になれば、たしかに1兆円の債務超過にはなりますが、そこを大騒ぎしているのがこの日経新聞の記事なのです。

仮に580兆円の損になって、600兆円の資産が20兆円まで下がったのであれば、負債の0・2兆円と、資産20兆円の利息1％の0・2兆円が同額になりますから、そのくらいにまでなると日銀にも経営問題が発生します。資産の稼ぐ利息が、負債の0・2兆円を下回れば経営危機にもなるでしょう。

しかし、実際には利息のかからない負債をたくさん持っていて、稼げる資産もたくさん持っているのだから、そんな日銀が1兆円にも満たない債務超過となったところでまったく問題はありません。日経新聞はこのような基本を抑えることなく「大変だ」とだけ言っているのだから、あまりにも馬鹿げています。

フローだけを見た場合には「損をしても銀行券を刷ればいい」と考えるかもしれません。損をしたぶん、また1兆円刷って債権を買えばいいということにも一理あります。

しかしストックのことを考えると無利息の日銀券があるのだから、急いで損を取り戻すほどのことでもありません。簡単に取り戻せるのだから、その意味では「含み損が8749億円」といっても日銀の財務はまったく問題ない。負債に利息がかからないのだから、収益性のあるものを買えばそれだけで儲かることになるのです。

それなのになぜ「日銀が危ない」と思わせるような記事が出てくるのかといえば、「日銀がこんなに大変なことになっているのは金融緩和をしているからだ」と言って、それで利上げをしたいというだけのことなのです。

消費税15％へのホップ、ステップ、ジャンプ

消費税率は２０１４年４月に８％、２０１９年10月に10％となりました。２０２３年１月には甘利明さんがテレビ番組内で、岸田さんが示す異次元の少子化対策に関して「将来の消費増税も検討」と発言したと伝えられましたが、実際に消費税のさらなる引き上げはあるのでしょうか。

しばしば「なぜ財務省は増税をしたいのか」との質問を受けますが、これは簡単にいうと「財務官僚の職業病」です。良く言えば「日本政府の財政を憂いてのこと」とも言えますが、その背景には彼らの強烈なエリート意識があって、「自分たちが日本を指導していかなければならないのだ」との勘違いがあります。

私は財務省の前身である大蔵省に25年間在籍して、その大半を財政の正しい見方の普及に費やしました。会計学の知識を用いて連結対象を含めた政府のバランスシートを作成し、金融工学を用いて日本政府の破綻確率を算出したりもしています。

その結果、日本政府の財政状況は財務省が主張するほど悪くないことがわかりました。財務省は常々から「消費増税をしないと国債が暴落する」と言っていましたが、安倍さん

が当初予定していた消費増税の時期を延期したときも、当然暴落はしていません。

それでも財務省はバランスシートの負債サイドだけを示して、相変わらず「財政が悪い」と言い続けています。これははっきり言って会計の無知による誤り、もしくはごまかしなのですが、ド文系のマスコミ記者たちは財政のことなどまったく理解できませんから間違いを指摘することができません。だから財務省としてもそうした姿勢を改めようとはしません。

幸いなことに、安倍さんと菅さんの政権では財務省の口車に乗せられることなく、正しい経済政策をしっかり行いました。しかし岸田さんはアベノミクスの方向性から転換して、防衛増税と事実上の利上げを進めています。

「防衛費を増やすため安定財源として増税が必要だ」と言うのですが、足りない分として示しているのはたかだか1兆円です。これくらいなら新たに防衛国債の範囲を拡大するか、埋蔵金を使うことで増税などなくても充分にまかなえます。増税に反対する声は高まり、政権支持率が低下していたときにもなお増税に固執するのは、財務官僚がどうしても増税したいからだとしか考えられません。

こうした動きを見て思い出されるのが、東日本大震災後の「ホップ、ステップ、ジャンプ」論です。財務省は復興増税をホップとして、ステップ、ジャンプで2段階の消費増税を行う構想を立て、実際そのとおりになりました。

そうすると今回も財務省は、防衛増税をホップとして、ステップ、ジャンプで2段階の消費増税を狙っているのかもしれません。この場合の消費税率はまず12%、続いて15%になるだろうと予想されます。

そうなったときに日本経済はまた、大きなダメージを受けるに違いありません。

アベノミクスは合格点の80点

アベノミクスが行われた10年間、その最大の成果は雇用の確保にありました。私が安倍さんと話す際にも「マクロ経済政策における最低ラインは雇用の確保であり、そのうえで所得が高ければいい」ということをいつも説明していました。アベノミクスとは、そうした雇用と賃金上昇を実現するために財政政策と金融政策を使ってＧＤＰギャップを解消し、インフレを加速しない失業率（ＮＡＩＲＵ）を目指すというシンプルなものだったわけです。

アベノミクスについてはいろいろなことを言う人がいて、「大失敗」「落第点」という人も少なくありません。しかし、その評価基準が私にはさっぱりわからない。

私の基準で評価をするときにはまず雇用を重視しますから、経済政策全体を１００点満点とした場合、雇用に60点。所得に40点を割り振ります。

安倍政権での雇用は歴代政権で最高です。雇用は失業率低下と就業者数で測ることができて、安倍政権では４００万人以上の就業者数増となりました。それによって失業率は２０１９年に２・３％まで下がっていますから、雇用については満点の60点です。

所得については実質ＧＤＰ成長率で測るのですが、それと同時にインフレ率（名目ＧＤ

Pと実質GDPの比であるGDPデフレーター）を見ておく必要があります。安倍政権では実質GDP成長率は0・4％、インフレ率は0・7％で、高度成長期の歴代政権と比べると見劣りがします。GDP統計がわかっている戦後、鳩山一郎政権以降の31政権のなかで、安倍政権の実質GDP成長率は25位、インフレ率は目標とする2％からの乖離でみると7位。そうすると戦後政権での安倍政権のGDPパフォーマンスはほぼ中位になりますから、40点満点中の20点というのが妥当なところでしょう。

したがって安倍政権におけるアベノミクスに対する私の評価は、雇用60点、GDP20点の計80点となります。

なお日本がデフレに陥った1995年以降の村山富市政権から菅義偉政権の13政権（連続する場合は1政権と数える）のなかで、第二次安倍政権は実質GDP成長率で8位、インフレ率は1位（安倍政権以外はすべてマイナス）となっています。このことから安倍政権は、デフレ経済が続くなかで唯一、デフレ脱却の兆候が見られた政権だったことがわかります。これが数字から見たアベノミクスの評価です。

ハイパーインフレという陰謀論

アベノミクスにおける金融緩和政策に対する批判として、一部で言われることに「財政破綻やハイパーインフレを引き起こす」というものがあります。しかし財政破綻や国債暴落などを言い立てる人たちの大半は、その明確な定義を示しません。

私が「国債暴落があるというのなら、何カ月以内で何％下がれば暴落とするのか、その定義を言ってください」と言うと「暴落なき暴落があります」と意味のわからないことを言う。

「ハイパーインフレの定義は何ですか。フィリップ・ケーガン（アメリカの経済学者）の定義をいうのか、それとも国際会計基準に依拠するものなのか」と聞いても、それには一切答えずに「日銀による国債引き受けはハイパーインフレになります」としか言わない。

まったく論拠がないし、私には何を言っているのかも理解できません。ちなみにフィリップ・ケーガンの定義するハイパーインフレとは、「インフレーション率が毎月50％を超えること」で、これが継続すると1年後の物価は100倍以上になります。また日銀による国債の引き受けは毎年やっていることであり、それでこれまでにハイパーインフレは起きていないのだから「国債引き受けでハイパーインフレ」との論は最初から破綻していません。

財政破綻については、かつて役所のなかで議論した際に「財政破綻の定義は難しい」ということで、定義すること自体が避けられました。しかし破綻認定は簡単なことです。基本的には貸借対照表（バランスシート）で債務超過を示せば、それで債務の支払い能力のないことは明らかになります。

では、国の財政はどうかというと、日銀を含め連結ベースのバランスシートをつくってみると、負債に見合う資産があって、純債務額はほぼゼロです。これに見えない資産である徴税権を加味すれば、明らかに資産超過の状況にあるのです。

標準的なファイナンス理論からみたときに、これで日本政府が破綻するという話はオカルトや陰謀論の類でしかありません。ちなみに日本の財政破綻の確率を市場データから算出したところ、今後5年間で1％程度となりました。

2015年4月15日、参議院の国民生活のためのデフレ脱却及び財政再建に関する調査会で、私は参考人として意見を述べる機会がありました。このとき、日本維新の会の参議院議員だった藤巻健史さんとの質疑の際に、私は標準ファイナンス論による議論をしています。円暴落やハイパーインフレ論で知られる藤巻さんから「自分の財政観とは違う」と言われたので、私が「藤巻先生は20年もオオカミ少年でないか。予測は当たっていない。

インフレ目標2％でハイパーはあり得ない」と答弁したところ、藤巻さんは「たしかに当たっていないが。瀕死の状況をみていたら言わざるを得ない」と言う。それに対して「私なら合理的な予想しか言わない」と返すと、議場では笑いが起こったものでした。

円や国債の暴落、ハイパーインフレになるというトンデモ論が一部で支持されるのは、オカルト話や陰謀論に一定のファンや信者が生じるのと同じことなのでしょう。陰謀論も一種の娯楽として楽しんでいるだけなら構いませんが、それと現実の区別がつかない人が経済評論家、経済学者を名乗る人のなかにも少なからずいるのだから実に困った話です。

日本の労働生産性は低くない

近年は「生産性の低さ」ということも、日本経済のウイークポイントとして、しばしば議論されています。日本生産性本部が発表した「2021年の労働生産性の国際比較」によると、日本は経済協力開発機構（OECD）加盟38カ国中27位で、これは比較可能な1970年以降の最低記録だとされています。

OECDでは労働生産性を次のように計算しています。

国全体のGDP÷労働投入量または、労働者数×労働時間

この定義式を見ると、労働生産性は国民1人当たりのGDPとかなり類似した概念であることがわかります。

ただしGDPは実質か名目か、ドル換算の場合には購買力平価にするか為替レートにするかなどによって差異が出ます。この差異を加味して日本の1人当たりGDPを見ると、OECD加盟国のなかで1980年から2020年まで10年ごとの順位は以下の通り（近年新たにOECD加盟した国も最初から加盟していたものとして計算)。

「名目GDPかつドル換算の為替レート」とした場合、1980年が27位、1990年が12位、2000年が2位、2010年が13位、2020年が19位。

「実質GDPかつドル換算の購買力平価」とした場合、1980年が28位、1990年が15位、2000年が19位、2010年が19位、2020年が17位。

マスコミでしばしば話題になるのは、名目GDPを為替レートでドル換算した日本の順位です。1990年以降は円高だったから、かなり順位が上がっていました。デフレで経済成長が鈍化し始めたのは90年代後半で、その影響がまだあまり出ていなかったのです。

2000年以降、つるべ落としのように順位を下げていったのは、円安によるところが大きい。その証拠に、実質GDPを購買力平価でドル換算した場合の順位は、傾向としては似ているものの順位の変動幅はあまり大きくありません。

また1970年のOECD加盟国は21カ国、2021年は38カ国と国の数が違いますから、これを比較して1970年以降で最低という生産性本部の発表もミスリーディングだと言えます。

要するに労働生産性といっても本質は1人当たりGDPであり、ひいては「90年半ば以降のデフレに伴う失われた20年によってGDPが伸びていない」ということと、「労働生産性が低い」ということはほぼ同じ意味なのです。

私は「失われた20年」の原因は日本のマネー不足だと考えています。90年代以前の日本のマネーの伸びは先進国のなかでも平均的でしたが、それ以降は全世界で最下位のレベルにまでなりました。これはマクロ政策の緊縮財政と金融引き締めによるものであり、それが労働生産性の数字にも大きく影響しているということです

労働生産性というとミクロ経済のことのように思われがちですが、その本質は適切なマクロ経済政策に尽きるのです。

公務員は労働生産性が低いのか

労働生産性ということに多少関連する話で、「国会議員や公務員は業績の評価もないのにボーナスをもらえるのはおかしいんじゃないか」などと言われることがよくあります。たしかに公務員や国会議員は個々人のパフォーマンスを計ることが難しいため、どういう基準で評価をすればいいかがわかりません。

その際に用いられるのが「民間準拠」という考え方です。国家公務員の人事管理を行う人事院が、民間のある一定企業を調査して、「ボーナスがどのくらい増えましたか」「給与はどのくらい増えましたか」といったところを見て、社員の平均年齢などと照らし合わせたうえで、公務員などのボーナスは計算されています。議員も公務員も業績を測る基準がないから民間準拠にして、民間と同じような伸び率にしておけば問題ないということでやっているわけです。

「業績の基準がないならそもそもボーナスはいらないのではないか」と言われればその通りですが、民間にボーナスがあるからそれに合わせている。だったらボーナスではなく、すべてを込々にして全額を給与として払っておけばいいじゃないかという考えもあるのでしょうが、そうすると計算がやりにくくなるから公務員も給与とボーナスを分けているというだけのことです。ボーナスと基本給のそれぞれを民間企業の伸び率に合わせて計算するほうが簡単だし、計算の根拠がはっきりします。そのように明解性を求めてやっているだけのことであり、もっと他のやり方できちんと測れといっても、これ以外のやり方が思いつきません。

民間では成果給や歩合制という給与体系もありますが、経営者の観点に立って考えれば前もって給与を決めておく裁量労働のほうが実はコントロールがしやすいという面もあります。裁量労働でない場合には、たとえば残業の問題があって、経営者の知らないうちにどんどん残業が増えれば、その手当のために人件費の支払いがふくらむ可能性があります。経営者としてはそれでは困るから、そのときにあらかじめ給与支払い総額の枠をはめておけば安心です。公務員にも残業代の規定はありますが、賃金全体の予算にはそのような大枠がはめられています。

何時間働いたから成果が出るというのが測り難い業種は議員や公務員の他にもあって、たとえば私のような私立大学の先生は裁量労働の典型です。「何時間働いているのですか」というときに、大学で授業を行っている時間は「何時間働いた」とカウントできますが、大学の先生にとってもう一方の重要な仕事である研究の部分については、「朝から晩までやっています」と言うしかありません。みんながみんな本当に研究しているかはわかりませんが、そういう言い方しかできない。そうすると、こういった仕事については、何時間働いたかということと成果は関係がないから、裁量労働にして「すべて込々でいくら」とするしかありません。これは「見なし労働」とも言います。どんな先生も残業はしているものとみなして給与はその総額ということで決められているのです。

もしも研究の時間にも残業代を出すとなれば、「24時間残業だ」と言うこともできます。大学の先生は「寝ているのと研究とどこが違うのですか」などとも言われ、私も妻から「あなた、研究はいつやっているの？」などとよく言われています。しかし頭のなかで考えていることなど他人からはわかるはずもありません。

アメリカの大学へ行ったときに校内に広場があって、何のためのスペースかと思ったらみんながなにやら考えごとをしながら歩いている。それを「研究しているのだ」というのだけれど、傍から見たら単にボケっと歩いているようにしか見えません。

そうしたことにまで残業代をつけるのは無理だから、このような労働に関しては裁量労働にして賃金の枠をはめたほうが経営者にとってはいい。

成果のはっきりしている業種なら、完全歩合給にして「成果が出なければ給与なしですよ」と割り切ってしまうようなやり方もあります。一攫千金を狙うならそれもいいでしょう。しかし公務員に関しては、やはり民間の給与に即した裁量労働ということでやるしかありません。

植田新総裁が日本経済のターニングポイント

２０２２年７月、新たに日銀政策委員会の審議委員に選ばれたのは財務省シンパともいえる人でした。これはおそらく財務省がつくった人事案を岸田さんが了承するという形で行われているのでしょう。

黒田東彦総裁が２０２３年４月８日に２期10年の任期を終えると、次に新しく植田和男総裁が就任します。日銀総裁人事は政府が任命し、国会の同意を得て決定します。任命権者は政府ですから、日銀は政府の方針の範囲で金融政策を行っていくことになります。日本銀行法の第４条でも、金融政策について「政府の経済政策の基本方針と整合的なものとなるよう、常に政府と連絡を密にし、充分な意思疎通を図らなければならない」とされています。黒田総裁の日銀も当然、政府の政策に従っているわけですから、２０２２年末に事実上の利上げを示したのも、岸田政権の意向によるところが大きい。アベノミクスからの転換も、黒田さんの立場からすると整合性のあることだったのです。円安による物価高に対して黒田さんは「円安でいい」と公言していましたが、支持率低下を気にする官邸はこれをよく思わず、黒田さんに利上げを要求したのでしょう。

しかし、これは官邸のマクロ経済観の誤りですから、本来は従来の方針を変える必要はないのですが、結局官邸の意向には逆らえなかったわけです。

円安のメリットとしてはまず外国為替資金特別会計（外為特会）の評価益の増加がありました。日銀が利上げ方針を示す以前の為替レートで30兆円程度の評価益がありましたから、円安での一番の受益者は日本政府でした。だから政府としては、この「埋蔵金」を使って物価高対策をすればよかったのです。

それなのに実質的な利上げ方針を示したことによって、実際に長期国債金利は上がりました。これに連動する民間長期金利も住宅ローンを含めてすでに上がっています。短期国債金利にはまだ目立った変化がないので短期金利に連動する変動金利住宅ローンなどには大きな変化は出ていませんが、これも日銀総裁が代わることによって、その後はどうなるかわかりません。

これまでの岸田政権の日銀人事や金融政策の変更からは、アベノミクスに列するリフレ派の排除と、それに伴う親財務省や黒田総裁以前の日銀への回帰が見られます。だから植田新総裁が就任する4月以降には、インフレ目標などの金融政策の見直しが行われて短期金利も上昇する可能性が高いように思われます。

じつは金融政策として重要なのは名目金利でなく、名目金利から予想インフレ率を引いた実質金利です。仮に名目金利が引き上げられても、予想インフレ率がそれ以上に高くなれば実質金利は下がりますから、経済への打撃はほとんどありません。しかし10年物価連動国債の流通利回りから見る限り、予想インフレ率はさほど変化していません。それでいて10年金利は名目も実質も上がっているので、長期金利引き上げのままでは企業の設備投資に悪い影響を与えますし、住宅ローンの変動金利まで上がれば個人消費にもダメージを与えることになるでしょう。

10年に及ぶアベノミクスは金融政策が根幹であり、それは雇用確保という点で良い成果を出してきました。しかし親財務省色の濃い岸田政権による日銀総裁人事は、企業の設備投資や消費、雇用などへの悪影響を及ぼす危険性が高いように思われます。

黒田総裁の最後の抵抗

日銀は1月18日に黒田総裁体制では最後の「経済・物価情勢の展望（展望リポート）」を公表しました。そこでは「消費者物価の前年比は、現在2％を上回って推移しているが、来年度半ばにかけて2％を下回る水準までプラス幅を縮小していく」と予想されています。そして「消費者物価の基調的な上昇率は、時間はかかるものの、マクロ的な需給ギャップの改善や、中長期的な予想物価上昇率や賃金上昇率の高まりなどを背景に、『物価安定の目標』に向けて徐々に高まっていくと考えられる」と記されていました。

これらを要約すると「今の消費者物価指数は2％を超えているが、来年度の半ばには2％を下回り、その後にまた2％に盛り返すだろう」ということです。

ここで2024年度半ば以降の話を出すということは、黒田総裁以降の日銀の政策努力の姿勢を示したことになります。

主に海外要因であるエネルギー価格と原材料価格の上昇によって消費者物価は上昇しましたが、それを価格転嫁できるかどうかは国内需要が旺盛かどうかによる部分が大きい。一部品目では値上げによる価格転嫁をする動きがありますが、それが功を奏するかは今後の景気動向に依存します。価格を上げても需要がついてこなければ、再度価格の引き下げに転じる企業もあり得るからです。

実際問題として、この日銀の展望が出された時点では、まだ相当のGDPギャップ（総需要と総供給の差）があって、全体としては需要不足の状況でした。そうすると価格転嫁がすべての面でうまくいくとは思えない。その意味で日銀のシナリオも、インフレ率が下がるとしているわけです。

需要不足がなぜ続くのかといえば、それは岸田政権が反アベノミクスの立場をとっていて、そのことが防衛増税や日銀の事実上の利上げによって明らかになったからです。

岸田政権は今後もマクロ経済からの観点ではなく、金融業者の観点からさらなる利上げを日銀に求めていくのだろうと予想されます。アベノミクス体制下での黒田日銀の金融緩和政策によって債券業者は開店休業状態でしたから、ここにきて利上げを催促していくことになるのでしょう。

しかし日銀がこれに応える必要はありません。1月17、18日の金融政策決定会合で黒田総裁は、さらなる利上げを踏みとどまって現状維持の方向性を示しました。一応は岸田さんの顔を立てる形で長期金利の変動許容幅を拡大しましたが、アベノミクス10年間に携わってきたことの習い性が残っていたのかもしれません。

こうした黒田日銀の発表には当てが外れたという金融業者もいるでしょうが、国民全体のことを思えば当然の判断でした。

黒田日銀においての最後の決定会合は3月10日に行われ、ここでも金融緩和策の現状維持と、長期金利の許容変動幅を上下0・5％に据え置くことが確認されました。

後任の植田和男総裁も「金融緩和の継続が必要」と言ってはいますが、そこは実際に就任してからでないとどうなるかはわかりません。

これまでの岸田さんの路線からすれば利上げ志向になるには違いなく、それに抗ってまで金融緩和を続けるのはやはり難しいようにも思います。

それで日銀が利上げ路線となってしまえば、さらなる増税を目指す財務省や金利で稼ぎたい金融機関を喜ばせるだけであり、日本の経済成長にとってマイナスでしかないことを重ねて強調しておきます。

歴代政権のなかでも優秀だったアベノミクス

岸田さんが反アベノミクスの方向へ進み続けるようであれば、これから改めて「日本の失われた20年」が始まるかもしれません。

図5は、実質経済成長率を横軸に、インフレ率を縦軸にとった表で、戦後日本の歴代政権を比較したものです。高度成長期はもちろんものすごく実質成長率が高くなっています。それと比べたときに、安倍政権は中央のあたりにあるように見えますが、じつは2000年代以降はほとんどがインフレ率マイナスのところにあります。2000年代以降、菅政権までに、GDPデフレーターでインフレ率を測ってプラスになるのは安倍政権のみです。

GDPデフレーターとは物価動向を把握するための指数のことです。GDP算出時に物価変動の影響を取り除くために用いられ、名目GDPを実質GDPで割ることで算出されます。

GDPデフレーターは消費だけでなく、設備投資や公共投資なども含めた国内経済全体の物価動向を表す包括的な指標で、GDPデフレーターが上昇すればインフレ圧力が高く、逆に下落すればデフレ圧力が強いことを示します。また国内生産品だけを対象としていて、

図5

歴代政権の実質成長率（右）とインフレ率（縦）

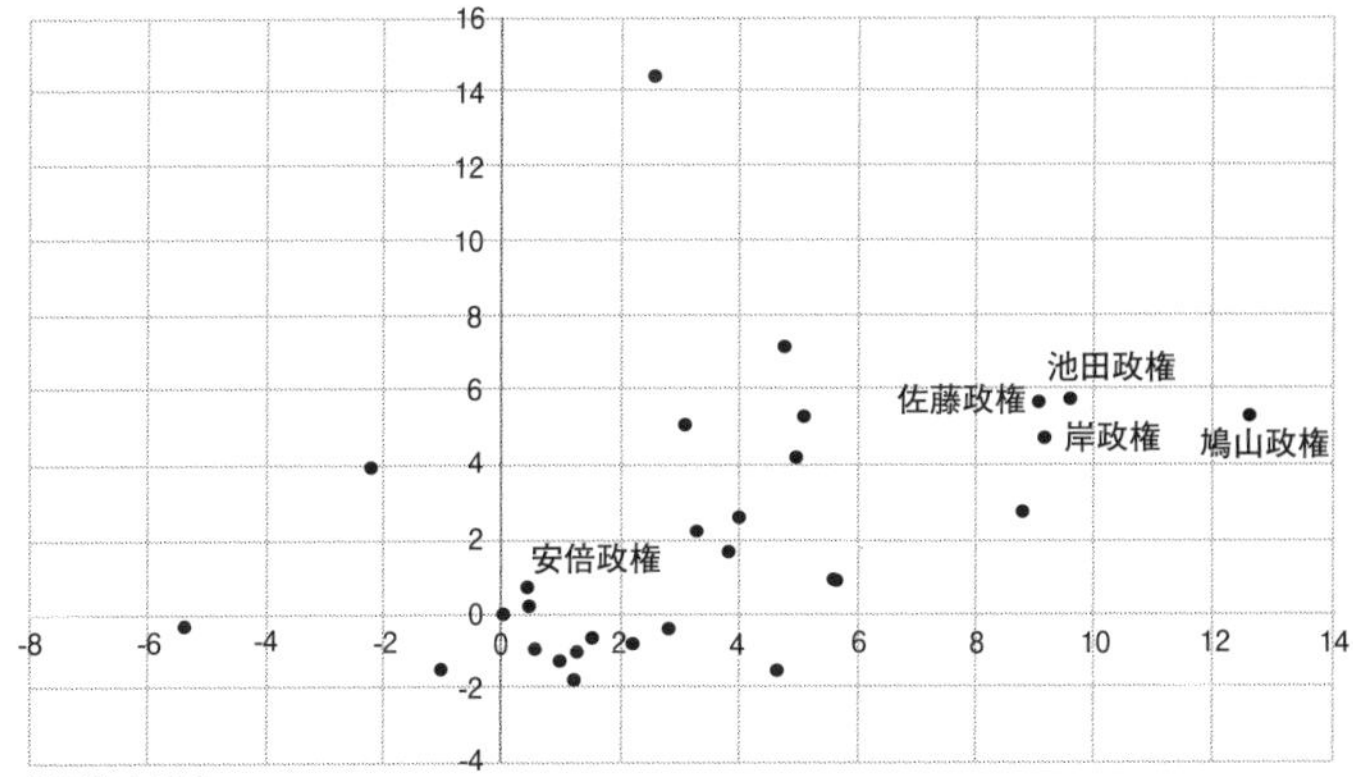

（資料）内閣府

図6

歴代政権の失業率低下（％、右）
と就業者数増（万人、縦）

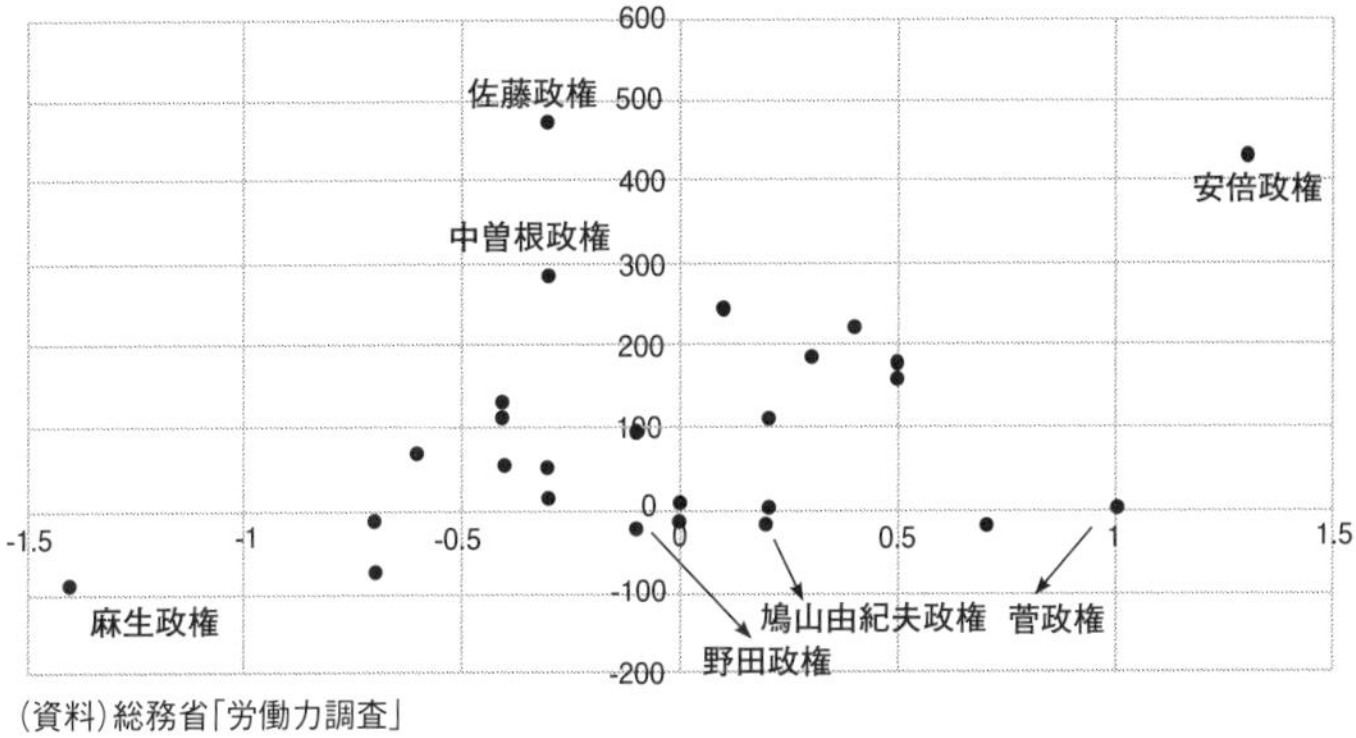

（資料）総務省「労働力調査」

輸入品価格は反映されません。

アベノミクスは目標とした2％のインフレ率に届かなかったから失敗だという人がいますが、2000年代以降のインフレ率はずっとマイナスでした。それらと比べたときに、安倍政権が一番いい成績であったことはたしかです。

図6は失業率の低下を横軸にとり、縦軸に就業者数をとって歴代政権を比較した表です。失業率が低く就業者が増加した状態の右上のほうが好調ということになりますから、そうしてみると安倍政権が歴代でもダントツによかったことがわかります。

だから今になって「アベノミクスは0点」などという人はまったく経済の知識がないのだと考えていいでしょう。経済学のまともな勉強をしていればそんなことを言うはずがありません。

為替レートを自分で計算してみる

２０２２年は、円安が騒がれた一年でした。

為替というのは通貨の交換比率ですから、日本のお金の総量とアメリカのお金の総量の比でだいたいのところは決まります。２０２２年10月には、32年ぶりとなる１５０円台まで円安が進んで、そこから少々戻して年が明けてからは１３０円台を割るぐらいにまでなっています。

為替の数字をぴったり当てるのは難しいのですが、どのように進むかという方向性であれば推測できます。為替は日本のお金の総量とアメリカのお金の総量で割り算をして決まりますから、日本とアメリカのそれぞれの経済政策を見て、マネタリーベースが今後どうなるかという予想値でみれば、おおよその数字がわかるのです。

日本のマネタリーベースが７００兆円で、アメリカのマネタリーベースが5兆ドルであれば、これを割り算すると1ドル１４０円となり、簡易な予測としてはだいたいこのくらいの為替レートになりそうだとわかります。では今後、日本とアメリカのマネタリーベースが増えるのか減るのか、どちらの方向へ行くかというところが為替を予想するうえでのポイントになります。

先にアメリカの話をすると、2022年ほどのインフレ率の上昇はなさそうですから、マネタリーベースはほぼ横ばいに近いところになるでしょう。

一方で日本は、まだしばらくは金融緩和を続けた場合、マネタリーベースは膨らんでいきます。そうすると割り算のときの分子が膨らむ＝円安が進むことになります。

しかしこの先は、インフレ率が多少高くなったり、日銀総裁が代わったりすることで金融緩和の方針が変わるかもしれません。そうするとマネタリーベースは下がるようにも思われ、そうなったときには分子が小さくなるので今よりはいくらか円高になる可能性があります。

しかし円高になるといっても全体の数字が大きいので、マネタリーベースに少々の変化があったとしても極端に為替が変動することはありません。1ドル130円から140円程度の数字がだらだら続くという可能性が高く、今後は多少円高になることもすでに市場では織り込み済みのことでしょう。

これぐらいのおおよその為替レートの計算は自分でもできることですから、一度実際に計算をしてみればより実感ができるでしょう。円安が進んでいるときに「1ドル200円になる」などという人もいましたが、そうなるには日米それぞれのマネタリーベースがどのくらいになるのか。計算してみれば「1ドル200円」というのがどれほど根拠の薄い話であるかがわかるはずです。

テレビに出る経済評論家などと名乗っている人のほとんどは、計算などせずにだいたいの予想値でしゃべっているだけだったりします。そんな話を聞いて鵜呑みにするのではなく、自分で計算してみたほうがよほど正しい経済予測ができるに違いありません。

私にしても予測が外れて恥をかくことはありますから、やはり人の話を信じるだけでなく、自分なりに計算をしてみて、どのくらいの予測値になるかについての意見を持っておいたほうがいいのです。

円安と円高では日本にとってどちらが有利なのかという点については、ここまでにも説明してきましたが、GDPに関しては円安が10％ぐらい進めば成長率は0・5％程度上昇しますから円安のほうがはるかにいい。

新聞やテレビはまったく違うことを言っていたりもしますが、自国通貨の為替レートが低くなれば経済成長が進むことは昔からわかっている話です。自国通貨安は「近隣窮乏化」とも言わるほどで、自国通貨の為替レートが下がれば近隣の諸国は不利になり、自分の国にとっては有利になる。近隣諸国は成長率が下がって、自分の国だけ高くなるというのが世界のどこでも成り立つ経済の原理原則です。だから円安のときに「日本が大変になる」と言っていた人は、ほとんどがデタラメのことを言っていたのだと思ったほうがいい。

さらに言うと、政府による為替介入は為替レートの上下にほとんど影響しません。1日の為替取引は常に150兆円ぐらい行われますから、そのなかで5兆円程度の介入をしたところでどうなるものでもない。介入した瞬間だけは大きく上下するのでインパクトがありますが、1日2日も経つとなにもなかったも同然の状態に戻ります。

それなのに財務省によって複数回の為替介入が行われたのはなぜかといえば、これは単なるポーズに過ぎません。2022年後半に何度か行われたとされる為替介入において、財務省は外貨準備という政府が持っているドル債を売りました。外貨準備のおおもとは、以前の円高ドル安のとき、円高を是正するためにドル債を買ったものです。その結果として円高のときに買ったドル債を日本政府がたくさん持っているから「日本の外貨準備は多い」ということになっています。

だから2022年の為替介入は、ドル安のときに買ったドル債をドルが高くなったところで売ったわけで、それによって政府は30兆から40兆円の儲けを抱える状況になりました。為替介入にはそうしたメリットはありますが、言ってみればそれだけのことであり、これによって全体の為替レートが大きく変動するというような話ではないのです。

このときに儲けたぶんを国民のために吐き出せば物価高対策にもなるのだから、円安の影響で苦しんでいる企業への手当てをすればいいのです。しかし、そういった話になると財務省は増税の話ができなくなるのでものすごく嫌がります。そして財務省に言われるがままのマスコミや御用学者たちも、積極的にそのような話をしようとはしません。

消費者物価指数のまやかし

２０２３年1月、総務省は前年12月の東京都区部消費者物価指数が前年同月比で４・０％上昇したことを発表しました。これは第二次石油ショックの影響が残っていた１９８２年以来、40年ぶりの上げ幅だといいます。

マスコミは「何十年ぶり」という言い回しが大好きですから、これまで東京都区部の消費者物価のことなどほとんど報道したことなどなかったにもかかわらず、うれしそうに取り上げていました。

たしかに物価が上がっているのは事実です。消費者物価には国内の物の値段と輸入した物の値段があって、輸入した物というと主にエネルギーになりますが、これを除くとどういう数字になるかというと、実は東京都で２・７％増となります。４・０上がったうちの１・３は、ほとんどがエネルギーの高騰によるものなのです。つまり今の物価高はウクライナの影響で、外国から輸入されるエネルギーの高騰によるところが大きいということになります。

物価を見る場合、本来はエネルギーを除いた数字で見るのがふつうです。また消費者物価とは消費者に行き渡るところだけの物価を見るわけですが、日本経済全体を見るときには、卸売物価など世の中のすべてのものを含めた数字で見なければいけません。

ここで重要になるのがＧＤＰデフレーターになります。これは名目ＧＤＰを実質ＧＤＰで割った数字で、それが１００％を超えれば名目のほうが大きくて実質のほうが小さくなる、それがノーマルな状況だといえます。このように名目ＧＤＰ÷実質ＧＤＰを指標にして物価を見るのが経済学の常識です。

そしてこの数字は、２０２２年7月から9月期ではマイナス０・３でした。つまり物価は下がっていたということになる。２０２３年3月時点ではややプラスに転じていますが、この時点ではそうでした。

なぜ消費者物価とＧＤＰデフレーターでこれほどの差があるかというと、輸入品だけの値段が上がっているからです。輸入というのはＧＤＰから見ると控除項目といって、輸入を差し引いた数字がＧＤＰには反映されます。輸入は自国内の富とは違うということで、ＧＤＰは輸入を引いて計算されるのです。

たくさんの物を輸入して、その輸入価格が高くなるということは名目ＧＤＰを失っているということになり、そのためＧＤＰデフレーターはマイナスになります。

名目ＧＤＰが減って、そのかわりに輸入品が高くなっているということは、つまり高いものを買わされているということであり、日本のＧＤＰにとってはプラスとはなりません。

そのためＧＤＰデフレーターはマイナスなのに、消費者物価指数は大きくなっているということになっていました。

しかし本当の日本経済の状態を見るときには、ＧＤＰデフレーターを指標にしなければいけません。消費者物価の数字が大きくなっているからといって、マスコミは大騒ぎをして「この品目が値上がりしました、この品目も上がりました」と言うのですが、経済理論から考えたときに当時はまだＧＤＰデフレーターがマイナスだったのだから、ちょっとはしゃぎすぎだと言わざるを得ません。このようにはしゃいでいれば「物価が上がっているから」といって利上げを正当化させることにもなってしまいます。実際、そうした意図が報道の裏側にはあるのかもしれません。

そうして利上げが正当化されて、ＧＤＰデフレーターがマイナスのときに利上げとなってしまったら最悪です。すでに長期金利は上がっているし今後短期金利も上がれば、住宅ローンなどを組んでいる人はむしろこれからが大変になるでしょう。

岸田政権がそのような馬鹿げた政策へと向かっているにも関わらず、「物価が上がって大変だ」とはしゃいで、間違った政策の後押しをしているのが今のマスコミです。

実際には輸入物価が高くなれば消費者物価だけが上がって、ＧＤＰデフレーターはマイナスになる。そのことをきちんと説明するマスコミは見当たりません。

真実を伝える気持ちが多少なりともあれば、物価を報じる際にはＧＤＰデフレーターについて説明しなければいけません。しかし、そもそもそうしたことを理解するだけの能力がないのでしょう。GDPデフレーターの計算の仕方も知らなければ、その名称すら聞いたことがないのかもしれません。

これは政治家も同じで、私がこうしたことを説明しても多くの政治家は自分の口から国民に説明するのが難しいようで、「これはちょっと言えないよ」などと言います。GDPを計算する際に輸入をマイナスにカウントするというのが、一見すると違和感があるのでしょう。国の経済を考える際に輸出はプラス、輸入はマイナスにカウントするので、輸入物価が大きくなるとそのぶんだけGDPがマイナスになるということが、どうもわかりにくいようです。GDPデフレーターは統計には出てくるのですが、説明しづらいため一般でこれを知っている人はほとんどいません。

それでも本来、経済政策においては、そこを見てデフレかどうかを判断しなければなりません。GDPデフレーターからの私の判断としては、完全なデフレ状態ではない状況にはありますが、まだまだインフレとは言い難いといったところです。そんな時期に利上げや増税などというのであれば慎重を期さなければなりません。

しかし、そういうことを平気でやっているのが岸田政権で、その間違った政策を進めるためにマスコミは「インフレなんです、インフレなんです」と言っている。そんなマスコミにしても、もともとは財務省のレクが入っているのでしょう。だから、どの新聞の記事も政府の発表も、まったく同じような内容になるのです。

もう一つテクニカルなことを付言すると、消費者物価を計算するときに「何年か前の消費の構成で計算してみる」というやり方があります。消費者物価にはいろいろな品目のウエイトがあって、それを合算するのですが、このときに「何に対してどのくらい支出しているのか」という品目ごとのウエイトを決めなければ計算できません。

そこで何年か前の数字を基準にしてウエイトを決めるわけですが、実際の消費行動では、デフレ時には高い品目ほど節約をするでしょう。そうすると現状に即した計算をするのであれば、今の消費者物価を計る際には高い品目のウエイトを以前よりも小さくしなければなりません。しかし実際には高い品目についても以前と同程度に高いウエイトで計算しているから、出てくる結果は現状よりも少し高い数字になります。おそらく0・5ぐらいは実態よりも高くなっているはずです。

私はそういったことがわかっているので「今こういう数字が出るということは、実態はこのぐらいですね」と言うのですが、ほとんど理解されることはありません。数字のことになるとマスコミはさっぱり理解に乏しいので、そのような統計の細かい話はわからないのです。

だから財務省が増税に向けて、そのように思わせるための数字を書き出した資料を渡せば、マスコミはそれをそのまま伝言するしかできません。普段から「エビデンスがどうこう」と言っているのなら、こういうことについてもしっかり調べろと言いたくなりますが、GDPデフレーターといっても、その言葉すら知らないのだからどうしようもありません。

私は総務省にいたことがあって、そこで統計のつくり方を覚えました。総務省の統計局には私と同じ東大の数学科の後輩たちがけっこういたため、喜んで統計のつくり方などのいろいろなことを説明してくれたものです。だから統計のことはふつうの公務員よりもはるかに詳しくわかっています。

ともかく、正しい統計を示したほうがはっきりと実態をつかめます。実際、小泉政権の最後の時期には統計を政策に活かしたこともありました。その頃に消費者物価が0・5とか1・0ぐらい上がっているといわれて対策を考えているときに、私が「実際は見かけ上で0・5ぐらい大きく出ています」と伝えると、みんなが「えー」と驚いていたものでした。

第四章／マスコミの大問題

Ｃｏｌａｂｏ（コラボ）問題と民間助成の変革の必要性

ＮＰＯや一般社団法人に対する補助金の管理、つまりは税金の使い道があまりにも杜撰ではないかということが、２０２２年末あたりからＳＮＳを中心に大きな話題となっています。

暇空茜というアカウント名の一般男性が「Ｃｏｌａｂｏ（コラボ）」という一般社団法人への補助金の使い方について東京都へ監査請求をしたところ、再調査が行われることになりました。

この一件を単体で見たときには、暇空茜さんは住民訴訟の裁判で最後まで徹底的に都と争うと言っていますから、その意味では解決の俎上にのっている話だといえます。そうすると私のような部外者が判決をどうこうできるわけもないのですから、横から口を挟むことではありません。

ただし住民監査請求というものは、住民が税金の使い方が本当に正しいものなのか調査を要求するという仕組みですが、これまでは提出された請求のおよそ95％は門前払い。「こんなものは再調査に値しない」ということで終わっています。

それが今回、住民監査請求が通ったことはとても珍しい例であり、これによって政府や自治体による補助事業の在り方が、多くの一般ＳＮＳユーザーたちからの注目を集めることになりました。

１人の気骨ある男性による発信が行政の問題に切り込むまでになったことは、ネットメディアの新たな可能性を示した事象だと思われます。その一方で、こうしたネット世論の高まりに対応しきれない一般マスコミの在り方に対しては、疑問が投げかけられることにもなりました。

監査請求の内容を見たところ、たしかに「この補助金の付け方はひどいな」と思わせるものでした。これについては東京都の福祉保健局が対応しなければいけないのですが、この部署では新型コロナへの対応も担当していますから、そうした影響もあって細かなところまでは見きれない。東京都がその「福祉保健局」を２０２３年７月に廃止して、「福祉局」と「保健医療局」を新設するというのは、そうした事情もあってのことでしょう。

Ｃｏｌａｂｏへの追及に端を発したこの件が今後さらに大きくなっていけば「補助金を付ける事業全般について行政はもっときちんと管理や監視をしろ」という声が高まってくるかもしれません。ところがＮＰＯや一般社団法人はものすごく数が多いので、行政ではすべてをモニタリングすることはできないだろうと思います。数千万円というレベルの補助金は役所のなかでは金額が低いために、係長クラスで決済が終わってしまって上のほうのチェックが利きにくいという面もあります。

だからといってＣｏｌａｂｏの件のように住民監査請求に委ねるといっても、第三者が監視するには限界があります。

管理が徹底されていないなかで補助金が配られている現状を、ネットでは「公金チューチュー」などという言い方をしています。事業の実態にそぐわない多額の補助金を「チューチュー」と吸いとっているという意味です。

こうした実態を改めるために補助金支給のやり方を考え直したほうがいいというのは、私も以前から感じていたことで、実は役人のころにトライしたことがありました。

補助金というのは集めた税金を役所が配るという仕組みですが、そうではなく直接ＮＰＯなどの団体へ寄付してもらい、その寄付に応じて税額を控除するというやり方を提案したのです。国や自治体の税収はそのぶん減ることになりますが、役所を介して税金をまわすかわりに直接の補助をしてもらうということだから効果は同じです。

応援したい自治体に納税するというふるさと納税のように、応援したいＮＰＯに寄付をするのだと考えればわかりやすいかもしれません。

この方法であれば、寄付した人は「どんな事業にお金が使われているのか」と関心が高まって、きちんと事業の実態を監視することにもなるでしょう。

Ｃｏｌａｂｏの件では、ここに助成金を出していた「赤い羽根共同募金」のやり方がおかしいのではないかといったところまで騒がれることになりました。税制まで含めた制度として「NPOなどへの個人や企業による直接の寄付」という形ができたなら、そういった話もなくなるでしょう。少額の寄付をたくさん集めるということになると管理するNPOなども大変ですから、企業などから大きめの寄付を受けられるようなスキームをつくって、寄付したところが監視するのです。

行政に監視を頼らず、より多くの国民の目や、寄付した人の目で見る。そういう形のほうがうまくワークするのではないかと思って、役所で提案したのですが、しかしこれはなぜか、ものすごい勢いで潰されてしまいました。

官僚のなかにも補助金の差配の仕組みをつくろうとする人はたくさんいて、しかし私の提案はそういった官僚の関与を「バサッ」と切り捨てるようなやり方です。そうすると官僚の出番が少なくなってしまうのが嫌なのでしょう。

Ｃｏｌａｂｏのような女性支援となると、きめ細かな対応が求められるために人手や労力、かかる時間も大きなものになります。それらを全部行政が対応することはやはり困難で、だから専門性のあるＮＰＯ法人等に頼もうということになっているのですが、その監査を全部行政がやるというのも数が多すぎてできません。

厚労省で管理専門の別の組織をつくるといっても、それでもやはり全国に数多ある団体をすべて一つの部署でチェックするのは難しいでしょう。

多くのＮＰＯなどの目的はいいものだとしても、公金を使う以上はなんらかのチェックの仕組みを考えなければなりません。なにかしらの事件が絡むようなおかしな話が出てきたときには「こんな公金の使い方はよくない」と言われることにもなり、それで「事業そのものをやめてしまえ」ということになったのでは本末転倒です。

だからＣｏｌａｂｏの件を一つのきっかけと捉えて、公金のチェックの仕組みを改めて一から考えたほうがいい。ＮＰＯなどに委託して補助金を交付するとなると、政策目的の達成の面でも一抹の不安が残ります。こうした公金支出を事後的にしっかりフォローするためには、上限を設定した経費クレジットを交付して、その結果をネットで公開するような仕組みということも考えられるでしょう。

ネット上での調査能力には相当のものがあり、その監視にはかなりの効果があるというのもＣｏｌａｂｏの件で明らかになったことのひとつです。こうした民間の力を活かさない手はありません。

オールドメディアの池上彰という虚像

Colaboの件はSNSなどネットを中心に話題が広がっていきましたが、その頃テレビではほとんどといっていいほどこの件を取り上げませんでした。ふだんは「ネットで話題の〜」などといったことを盛んにやっているくせに、連日Twitterのトレンドに入るような事象に触れないというのはいかにも不思議な話です。

大きな話題となっていることに反対も賛成も示さず、ただ黙っているだけというのだから、そんなテレビが「オールドメディア」と呼ばれるのも当然です。今でも20代以下の視聴者が減っていると言われるのに、今後はますます軽視されていくことになるのでしょう。

ところが、池上彰さんの出演するテレビ番組では、「信頼できるメディア第1位はテレビ」ということでやっていたそうです。これはお笑いのネタとして言っていたのでしょうか？　いくらなんでも真面目にそんなことを言っているとは信じられません。

池上彰さんということで思い出すのは、以前にTwitter上で広まった「#イケガmetoo」という運動です。イケガmetooとは「私も池上にパクられた」という意味で、これに私も巻き込まれたことがありました。

もともとの話は、経済産業省の官僚だった八幡和郎さんが池上さんの番組のスタッフから長時間の取材を受けた後に、「番組の方針で、八幡さんの意見ではなく池上の意見として紹介しますが、ご了承いただけるでしょうか」と言われたというものでした。それを聞いて私も思い当たるふしがあったので、そのことを軽い気持ちでＴｗｉｔｔｅｒに投稿したところ、他にも同じような経験をした人がたくさんいたらしいのです。

私の経験は以下のようなものでした。池上さんと一度ラジオかなにかで共演をしたことがあり、その後に改めて池上さんの事務所の人から「財政の話について教えてくれますか」という連絡がありました。そのときには、明示的ではなかったものの、池上さんの番組に出演する前提のようなニュアンスもありました。そこで、出向いて池上さんの事務所のスタッフの人に財政について小一時間説明したところ、「ありがとうございます」とだけ言って帰っていったのです。私は「えっ？」と呆気にとられてしまいました。

この手の話は、番組で放送することが前提であることがふつうでしょうから、話を聞いた後には「いつぐらいの放送で」などと、だいたいの予定を伝えられたりするものです。それが一切なかったため、ちょっと怪訝に感じたのですが、それでもそのときは「後に連絡があるのだろう」と思っていました。

ところが後日、私がしゃべったことと似た内容のことを池上さんの番組でやっていたのです。池上さんは非常に体制寄りの人ですから、私の考えとは異なる切り口で扱っているのですが、それでも明らかに私の話が土台になっているように感じられました。これを見て私は、「ああ池上さんというのはこういう人なんだな」と思い、その後はあまり深い付き合いをしないようにしています。

私の場合、取材に対する姿勢はかなり単純で、取材協力をした際に番組への出演要請があればそれで何の問題もありませんし、出演はしなくても「きょうの話は髙橋洋一さんから聞きました」と、エンドクレジットで出してくれればOK。エンドクレジットに出ない場合でも相応の対価があればそれでOK。こんな感じで割り切って考えることにしています。

しかし、池上さんに関してはそのいずれもがまったくありませんでした。いくらマスコミがいい加減だといっても、なかなか珍しい人だと思います。

もともと池上さんはNHKの人で、なにかの専門家ということではありません。取材という形で他からいろいろと話を聞いてやってきたのだから、独力で調べようとしても無理なのは仕方のないことでしょう。

かつては日本銀行も池上さんを広報として使っていたことがありました。広報として正式に起用するということではなくて、日本銀行の意見をそのまま池上さんが言って、それを書籍にするという、ある意味でステマのような形です。アベノミクスよりも以前の日本銀行ですから、コテコテの金融引締め論者ばかりが集まっていた時代のことでした。

池上さんもまったく同様のふるまいで、普段から財務省の主張そのままのことを論じています。基本的に理論理屈についてはわかっていないし、自分なりの意見を出せないから、人の話を聞いてまとめるだけ。そんな池上さんからすれば、体制側にいたほうが資料もたくさんもらえるので便利で簡単なのでしょう。

日本銀行の本も著者名こそは池上さんでしたが、内容はそのほとんどが日本銀行の人に書いてもらったようなものでした。実際にそういったことがあったかはわかりませんが、まったく意見がそのままだったことはたしかです。それを見て、「この人はこういう仕事をする人なんだな」と思ったというわけです。

#イケガｍｅｔｏｏの話が持ち上がると、「私もそうだ」という人が次から次へとたくさん出てきました。池上さんはいろんな人から話を聞いておきながら、あたかも自分の論であるかのように話していたということなのでしょう。

これは池上さんに限ったことではなく実際のところ、今のテレビはなにも自分では調べることができなくて、誰かのパクリばかりやっています。パクリであってもそのおおもとの人間を出演させればいいのですが、池上さんはそれもしない。自分で全部を仕切って、番組にも出さなければエンドクレジットもない。幾ばくかの対価はあってもいいじゃないかと思うのですが、それもありません。

その池上さんが「メディアの第1位がテレビだ」とは、いったいどの口で言っているのかと思ってしまいます。

私がメディアの信頼度を測る基準はオリジネーター、最初に意見を言っている人が発信するものを重視しています。その点から見ると、ネットは玉石混淆があるけれど、おおもとの意見を持っている人が生でしゃべることが多いので、これは結構重視します。

テレビの場合は専門家が生放送でしゃべるものであれば、比較的信頼性は高くなります。新聞の場合は署名があって、その人がきちんと書いたものを信じます。署名といっても記者の署名はダメです。記者はソースがはっきりしないままでも書くので、本当のところはわかったものではありません。署名記事というのはすべてのソースを明らかにできるような人が書いたもののことで、そのような記事やコラムはそれなりに信頼できます。

テレビでも専門家が言うことならばある程度信頼しますが、いわゆるジャーナリストがしゃべることはまったく信じません。それはネットでも同じです。

編集があるかないかも大切なポイントです。編集が入った時点でオリジナルは改変されて、編集した人の意思によって本来の情報とは違ったものになっている場合があるからです。

そうして考えると、池上さんという人は情報ソースもまったく明らかにせずに、誰からの意見かもわからないことを自分なりに編集したうえでしゃべっているのだから、私からすれば一番信用できない人ということになります。

私が信じるのは一次情報だけで二次情報は基本的に信じません。だからジャーナリストや記者が取材をしたものは、いかに自分がわかっているかのようにしゃべっていてもそのまま信じることはありません。

一次情報が表に出やすいという意味での信頼度はネット、新聞、テレビの順になります。ネットでは一次情報以外はほとんど意味がないため、二次情報でやっているジャーナリストたちが今後ネットに移行しようと思っても、まったく太刀打ちできないでしょう。

Ｔｗｉｔｔｅｒを恐れる日本マスコミ

ネット上での発信力でいえば、今の日本においてはやはりＴｗｉｔｔｅｒがトップクラスといえるでしょう。

Ｔｗｉｔｔｅｒ社を買収して話題となったイーロン・マスクのやり方はおもしろくて、「経営者となった以上、経営は俺の好きなようにやる」「俺はスパルタだ」と、まるで昭和日本のモーレツ社員みたいなことを常に言っています。

買収前のＴｗｉｔｔｅｒ社が赤字企業であったために、改革をしなければいけないというところもあるでしょう。そもそもの話として経営者とはそういうものなのです。

Ｔｗｉｔｔｅｒ社は株式を買収できたからイーロン・マスクのようなオーナー独断専行の改革も可能でしたが、日本の新聞社で同様のことはできません。日刊新聞紙法という法律の壁があるため、たとえイーロン・マスクであっても、日本の新聞社の経営者になることはできないのです。

日本の新聞記者はそんな一種の独占企業のようなところにいて、安定した給与をもらいながら、御託ばかりを並べているからダメなのです。イーロン・マスクみたいな人が日本の新聞社やテレビ局を買うことができればおもしろいのですが、残念ながらそういうことにはなりません。

日本のマスコミがイーロン・マスクに対して批判的なのは、もしも自分たちがＴｗｉｔｔｅｒ社と同じような改革をやられたら困る、と感じる人が多いからなのかもしれません。

ホリエモンこと堀江貴文さんが一時フジテレビを買収しようとしましたが、そのせいで堀江さんは当時のマスコミから徹底的に叩かれました。その点では今のイーロン・マスクと似ています。

堀江さんがテレビ局を買おうとしたのは、彼なりに考えて勝算があったからです。日本では多くの場合、新聞社がテレビ局の株式を全部持っていて、そのためテレビ局を買収することができません。テレビ局の親会社にあたる新聞社の株式は、法律で守られていて買収できないようになっています。そんななかでフジテレビに関しては、買収できそうなルートがあったから堀江さんは買収にチャレンジしてみたわけですが、結局マスコミから総スカンを食らうことになりました。

イーロン・マスクによるＴｗｉｔｔｅｒ改革について、いろいろと文句をつける声が聞かれます。しかし経営者がどんな経営をしようと、それは経営者の自由です。その結果として残りたい社員は残るし、Ｔｗｉｔｔｅｒを使いたい利用者は残る。嫌ならどちらも離れていく。それだけのことなのです。

それでも「あれは経営者のエゴだ」などと言って、イーロン・マスクのやり方がどうのこうのと言っている人は、たいていが左巻きのマスコミ関係者です。

日本の新聞社には市場原理などまったくなくて、朝日新聞も毎日新聞も法に守られている。買収されることがないから存続しているようなものです。

2022年12月、イーロン・マスクがTwitter上で、「賛成が多ければ辞任する」といって「私はTwitterのトップを退任すべきか」とのアンケートを実施すると、結果は57%が「退任に賛成」となりました。

おもしろい話題ではありましたが、これをNHKが速報で流したことにはさすがに笑ってしまいました。わざわざ速報で流すほどの話ではないだろうと思うのですが、マスコミの人たちにとって、それほどまでにイーロン・マスクのやり方が気になっているということなのでしょう。今ではTwitterも一種のメディアとなり、多大な影響力を持つようになっているため、ライバル視しているのかもしれません。

この件について日本経済新聞は、「退任すればガバナンスの不透明さが増すことになる」などと書いていました。「ガバナンスの不透明さ」とは、いくらなんでも「おまえが言うな」の典型でしょう。日経新聞は誰も買収することのできない、最もガバナンスが効いていない企業なのです。

一方、Twitter社は、法的には一般の株式会社です。株式会社では、まず株式を持つ株主がオーナーにいて、経営にあたる社長は他の人に任せるというのが一般的で、これを経営学では「所有と経営の分離」と言います。会社を所有することと経営することは別にしたほうが、経営者はより力を発揮できると考えられていて、実際問題としてもオーナーがすべてを行うのは大変です。中小企業ならば会社のオーナーと経営者が同じということはよくありますが、大企業ではオーナーが自分の意見が通る経営の専門家を選び、その人に経営を任せるというパターンがほとんどです。

Ｔｗｉｔｔｅｒ社ぐらいの規模の会社であれば、やはりオーナーが経営するというのは珍しいし、現実問題として難しい。他の経営者にお任せするのが自然です。

だからイーロン・マスクが退任か否かのアンケートをとったときも、じつはどちらに転んでもよかったのでしょう。「続けろ」と言われれば続けるけれど、「辞めろ」と言われたときにはこれを奇貨として、他の経営者に経営を任せるつもりだったはずです。実際、本人も以前から「適任者が見つかり次第、辞める」と言っていますし、その目星はすでについているのだろうとも思います。イーロン・マスクは、オーナーなのだから経営に固執することはありません。ＣＥＯから撤退したところでオーナーであることには違いはなく、最終的な決定権者は彼のままなのです。

それなのにわざわざアンケートをとったのは、単に「おもしろいから」ということだったのではないか。実際に株を持っているのだから、どんな批判を受けようが構わないし、すぐに辞めたところでオーナーであることに変わりはない。自分の息のかかった人を連れてきて経営者に据えればいいだけなのです。

もしかすると本音のところでは、いろいろとやってきて面倒くさくなったのかもしれません。イーロン・マスクは他にまともな事業をいろいろとやっていて、それと比べてTwitterは手間がかかる割には利益が見込めない、面倒くさいだけの事業なのです。だから自身の口からは言えないにせよ、「なんでいちいち全部やらなければいけないのか」と思うようになっただけのことではないでしょうか。

ともかく、オーナーが自分の会社をどうしようと、誰からも文句を言われる筋合いはありません。ところが日本のマスコミは基本的にオーナーがいないから、そのあたりの感覚がわからない。自分たちのなかで執行役を決めているから、会社を私物化することができる。そういうふうにやっている人たちが中心にいるから、Twitter社のように他からオーナーが来ることは考えていないし、実感もできない。それで日本のマスコミは、外部からやってきた人に社長の座をとってかわられることなど「あってはならない」と考えているのです。

海外メディアだと、たとえばイギリスのフィナンシャルタイムズ紙は2015年から日経新聞の傘下になっています。そのようにオーナーがガラリと変わることは珍しくありません。しかし、日本のマスコミは変わらない。自分たちがそういうふうにやってきただけに、イーロン・マスクのやり方を恐怖に感じているのでしょう。自分の会社が他メディアを買収しておきながら、Ｔｗｉｔｔｅｒ社のガバナンスを問う日経新聞の感覚は、いったいどうなっているのでしょうか。そのような捉え方が、世界の常識から外れていることを彼らはわかっていないのです。

オーナーと経営は別という在り方は、コーポレートガバナンスの基本で当たり前のことなのですが、日本のマスコミはそれが嫌だから口を揃えて「ああでもないこうでもない」とイーロン・マスクを非難する。しかし結局のところ、日本のマスコミは「今のやり方がいい」と言っているだけです。

ところが日本のやり方は世界とは全然違っていて、日刊新聞紙法で新聞社の株式は一般の人が持てなくなっているので、基本的には買収されることがない。その新聞社がテレビ局を持っているというように何重にも防御壁がある日本のマスコミは、日本のなかで最も強烈な史上最強レベルの既得権になっています。コーポレートガバナンスでいえば、日本のマスコミはまったくダメでお話になりません。

私からすると、イーロン・マスクのような人が出てくるとおもしろく感じますし、そういう目で日本のマスコミを見たときに「いかにとんでもないことか」がよくわかります。

結局、日本のマスコミは、資本主義の実質のところがわかっておらず、既得権を当たり前のこととして享受しながら正義の面をしているだけ。「コーポレートガバナンス」などと言い出した日には、「おまえのところが一番酷いじゃないか」でおしまいです。

朝日新聞が消滅する日

2022年9月、新聞や雑誌の発行部数を監査する日本ABC協会のまとめによると、朝日新聞の朝刊販売部数が400万部を割ったことがわかりました。最盛期には800万部とも伝えられていましたから、およそ半減。400万部割れといってもあくまでも公称の数字なので、実際には押し紙（新聞販売店に卸したうちの宅配されないもの）もあることを考えると、購読されている実数では300万部を切ったのではないかとも言われています。それを聞いて私は、「まだ300万も読んでいる人がいるのか」と思ったりもします。

新聞の部数が加速度的に落ちていくのは以前から予想していたことで、私は2018年ごろに「10年以内に新聞はなくなる」と言っていて、今のところはだいたいその通りになっています。なかなかゼロにはならないでしょうが、あと数年もすると何十万部というレベルになっている可能性は充分にあると思います。そのときには朝日新聞ではなく、「朝日不動産の発行する同人紙」になっているかもしれません。

このまま新聞が衰退していって、テレビはその後を追いかける。今のところテレビは新聞ほどの落ち込み方をしていませんが、それでも視聴率の低下は明らかです。そもそも民法キー局の親会社が新聞社なのですから、新聞が衰退すれば一蓮托生。今後のオールドメディアはますます大変になっていくものと思われます。

こうした状況への対応策として「これからはネットだ」と言うのですが、ネットであっても捏造は許されませんから、朝日新聞あたりがやっていくのは無理でしょう。今の朝日新聞自体が「捏造新聞」と言われているくらいなのですから、いくらネット上の無料記事であってもこれを積極的に読もうという人はさらに減っていくはずです。

メディアには文字と動画の2種類があって、これまでは文字の代表格が新聞、動画の代表格がテレビだったわけですが、すでにネット上には旧来メディアに対抗するものとして、文字中心ならＴｗｉｔｔｅｒなどのＳＮＳ。動画ならＹｏｕＴｕｂｅという形が存在しています。

そのネット上でもオールドメディアと同様に、どちらかというと文字媒体のＴｗｉｔｔｅｒやＦａｃｅｂｏｏｋよりも、動画媒体のＹｏｕＴｕｂｅのほうに人々の関心は移っているように思います。さらには動画のなかでもＹｏｕＴｕｂｅならショート動画というように、だんだん簡便なものが支持を集めるようになってきました。

オールドメディアの規模が今以上に縮小していくことはほぼ疑いようがありません。すぐになくなることはないでしょうが、それでも新聞を宅配でとっている人には高齢者も多く、そのぶんの減少も避けられません。今の大手新聞がこれからどうなるのか、大胆に予想をするなら朝日、毎日、東京は路線的に似たような左巻きですから、これらが一緒になっても別におかしなことではありません。右のほうも同じように読売と産経が一緒になるかもしれません。

新聞の将来性について語るときに「日本経済新聞には経済というキラーコンテンツがあるから」などと言われたりもしますが、私としては「あの程度のものがキラーなのか」と言いたくなります。いずれにせよ、新聞が存在感を維持できる時代はもうさほど長くはないでしょう。２０２３年5月に、朝日新聞系列の『週刊朝日』が創刊１００年目にして休刊となるのは、新聞社の斜陽を象徴する出来事のように思われます。

新聞からみれば、まだテレビは金のなる木ですから、新聞社がこれを自ら切り離すことはできません。今後、新聞はテレビにしがみついてどうにか生き残りを図っていくことになりそうです。そうすると新聞社でポストを得られなかった人がテレビにどんどん流れてきて、テレビはさらにダメになる。

そうなったときに生き残るのはＹｏｕＴｕｂｅのような動画系のネットサービスになりそうで、今でも広告はどんどんネットのほうへ移っています。テレビＣＭを打つ会社もどんどん変わってきました。

地方のブロック紙も同様に苦しくなっていくでしょう。地方紙が生き残るためには、どんな情報を出すかということにものすごく依存していて、地域住民の訃報などはまだニーズがありますから、そういった地域密着の情報によって細々と生き残ることになるのかもしれません。そうすると地方紙でも販売区域の広いブロック紙となると、これはかなり存続が難しくなりそうです。

テレビの地方局はコンテンツが極めて少なく、中央の番組をそのまま流していることも多いので、ネットの同時配信が一般化することによって地方紙以上に苦しくなりそうです。ネットに移行するにしても、結局はどのくらい独自のコンテンツを持っているかにかかってきますから、コンテンツのないローカルテレビ局はどう考えても厳しい未来しか見えてきません。

今から独自に媒体をつくってネットに参入しようとしても、それは非現実的な話です。独自に人気のプラットフォームをつくり出すなどは到底無理な話で、できることはせいぜいＹｏｕＴｕｂｅ動画をつくって配信するぐらい。それで現状の社員すべてを食わせていくことは、現在のトップＹｏｕＴｕｂｅｒでも不可能なはずです。

旧統一教会に騒ぐマスコミの低劣さ

安倍さんの国葬儀の前後に話題となった旧統一教会の問題については、「みんなワイドショーの見過ぎじゃないの？」というのが私の正直な感想でした。

マスコミは「政治と旧統一教会の関係」と騒ぎましたが、これはおそらくそういうふうに話を持っていきたい人がいたのでしょう。

一般論として政治と宗教の問題というのは常にあって、先進国であればどこの国も似たようなものです。信教の自由があって、政治がどこかの宗教と結びついていると、それ以外の宗教を信じる人の自由が損なわれる。その意味ではどこの国でも政治と宗教はある程度分離するというのがコンセンサスになっています。特定の宗教にどっぷりはまっている人たちが政権をとってしまえば、他の信仰を持つ人たちが迫害されることになりかねないため、そういった意味で信仰の自由が保障されているわけです。

ただし、政治と宗教を「分離する」といっても、どこの国にも歴史的経緯があって、そこは程度問題になります。先進国の政党にも宗教がかった支援団体がついているケースはあって、どの国でも宗教に対しては「ものすごくのめり込まなければいい」というぐらいの考え方がふつうです。途上国には「ある一定の宗教しか認めない」というところもありますが、先進国のほとんどで政治と宗教の関係はその程度となっています。アメリカでも保守系の議員にはキリスト教系団体の支援を受けている人が多くいて、どこの国でも保守系政治家と伝統的宗教は良好な関係にあります。ほどよく信仰しているぶんには構わない、というのが先進国に共通する一般的な認識なのです。

では、問題視された旧統一教会はどうか。これにも歴史があって教団の名前が変わったりもしていますが、もともとの系統としては勝共連合というものがありました。勝共とは共産主義に勝つという意味で、つまり統一教会は宗教団体であると同時に反共産系の団体であったという歴史があるのです。

その昔、安倍さんの祖父の岸信介さんや、他の国のトップなども「反共」を掲げる統一教会を支援していたというのは事実です。しかし時が経つにつれて「反共」というイデオロギーの意義は薄れていきました。

現在の宗教団体は、選挙の際の集票マシンとして使われている面もありますが、統一教会系団体は、選挙結果を大きく左右するほどの票は持っていません。それでも、歴史的経緯やこれまでの関係性があります。統一教会との関係を問題視された政治家たちのほとんどは、選挙に際して「来るものは拒まず」といったところがあるし、「わざわざ敵に回すこともない」との考えから、とりあえず付き合いを続けていたぐらいのことでしょう。

「安倍派30人が統一教会と不適切な関係があった」などと報じるメディアもありましたが、どこの派閥でも会合でメッセージを流すぐらいの付き合いはあっただろうし、数万円レベルなら政治献金を受けることもあったでしょう。これは自民党の安倍派に限った話ではなく、他の派閥や野党も同じです。名前が挙がった以上に多くの議員たちが、統一教会系の団体や信者たちとの薄いつながりはあったはずです。

それでも統一教会系の信者の数は少ないし、統一教会系候補というのもいません。それを言ったら他の新興宗教でも立正佼成会系の野党議員はいるし、公明党の議員はほとんどが創価学会系です。政治と宗教の関係ということでは創価学会が一番強く、そこから支援を受けている公明党は与党にもなっているのだから、自民党議員への宗教団体の影響力ということでは創価学会のほうが統一教会などよりも遥かに大きいのです。

そんな創価学会に比べれば、統一教会系などはほんの薄い付き合いでしかなくて、挨拶のメッセージを送ったり、数万円の献金を受ける以上のことはない。選挙で信者を動員してもらったからといって、それで当落を左右するまでの力は持っていません。一般的な職業の業界団体に比べても、まったく影響力は少ないのです。政治家側はそれでも票は票だからということで、適当に付き合いを続けているというレベルだったはずです。

安倍さんが悲劇に遭ったから特別な目で見られることになりましたが、政治的に意味を持つような団体ではありません。そんな統一教会系を叩くことで、批判の矛先が向かないようにしようという他の宗教団体の意図が働いているのではないかとさえ感じられてしまいます。

旧統一教会が霊感商法などによって酷い集金をしていたことはたしかでしょう。それでも、そこだけを見て叩くのではなく、他の宗教団体がどうなっているのかを見てから判断したほうがいいように思います。

この件が騒がれ出したときに立憲民主党のなかでヒアリングが行われて、その様子がホームページにも出ていたのですが、ずいぶんとデタラメなことが書かれていました。「これまで規制もなく、誰もとがめなかったことから放置されてきたことなどを問題視しました」と書いてあるのですが、これはウソです。ワイドショーの言うことを鵜呑みにするのではなく、少し自分で調べてみればすぐにわかります。何事に対しても、テレビの言うことや新聞に書いてあることをそのまま信じるのではなく、いったん事実関係を調べるようにすると面白いように本当のことが見えてきます。

統一教会の霊感商法によって被害に遭った人は以前からいました。統一教会の歴史でいうと、最初は反共産主義の団体だったものがどんどん変節していって、霊感商法が問題になり始めたのは80年代以降のことです。桜田淳子さんの合同結婚式が話題になり広告塔とされて、信者たちからは半ば強制的に寄付としてお布施を巻き上げたり、霊感商法ということで高額な壺を売ったりということがありました。この時期に社会問題化したのは事実です。それでも当時は「宗教の話だから」ということで規制の話はあまり出ていませんでした。

この問題に対する規制に一番熱心に取り組んだのは、第二次安倍政権でした。２０１２年末に発足した安倍政権はその翌年、まず霊感商法のような被害に対して「共同訴訟」を適用できる仕組みをつくっています。

それまでにも霊感商法に関する訴えがいろいろと多く、被害に遭った人もたくさん出ていました。しかし裁判を起こそうとなったときに、本来であれば被害に遭った当人しか裁判は起こせません。ところがお布施や霊感商法に関しては、被害に遭った人はその宗教を信じ込んでいるわけですから裁判を起こそうとはしません。安倍政権では、そこに共同訴訟という概念をとり入れたのです。共同訴訟とは被害者だけでなく、被害に関係する周りの誰かが訴訟をすることができる、という制度です。

海外ではクラス・アクションというのですが、この当時、いろいろな訴訟のテクニックのなかの一つとして、世界中でそういうものを認めようという流れになっていました。そうした世界の流れに乗って、霊感商法などの宗教的な被害に関しても、被害者本人だけでなく他の人が訴えることもできるようにしたのが２０１３年のことです。

それでもなお裁判を起こして被害者を救うというのは大変なことです。そこで安倍政権の途中の２０１８年には、いろいろな商品に関わる売買において、一応の契約を結んでいても霊感商法に関わるものについては、事後的に契約を取り消すことができるように消費者契約法を改正しています。霊感商法に関わる契約はクーリングオフ期間に関係なく、いつでも取り消すことができるという画期的なもので、それ以降の霊感商法による被害はかなり減ったはずです。

そのような法律改正があったにも関わらず、立憲民主党から霊感商法についてのヒアリングを受けた紀藤正樹さんという弁護士は、そんな話をまったくしていません。実際の会議では言及があったのかもしれませんが、少なくとも立憲民主党のホームページには、霊感商法に関わる弁護士なら誰でも知っているはずのこの話は出ていませんでした。

その同じホームページから引用すると、「1999年奈良地裁の判決以後、政治行政がしっかり対応していれば今回の事件をも防ぐことができたのではないか」という言い方もしています。この1999年奈良地裁の判決というのは、「霊感商法は宗教として扱うのではなく、消費者契約法で扱え」という判決です。

しかし、1999年の時点ではまだ消費者契約法に不備があって、契約の取り消しまではできませんでした。そこから長い時間はかかりましたが、2018年の安倍政権の時代にこれを改正しているのです。今は霊感商法に引っ掛かっても、内閣府の国民生活センターには特別のダイヤルもあります。そこに電話をして、「取り消してください」といえば、取り消すために弁護士を間に入れるなど手続きのアドバイスが受けられます。取り消しというのは、もちろんお金が全部戻るということです。

これにより、霊感商法の被害はほとんどなくなりました。今でもまだ霊感商法に引っ掛かって解決の手立てもない、という人は少ないはずです。しかし、立憲民主党はこういった話をしないで、相変わらず政権批判にばかり話を持っていこうとしている。テレビのワイドショーについては、いちいちチェックしているわけではありませんが、おそらく同じようなスタンスなのでしょう。

何人かの国会議員に「2018年の法改正のことを知っていますか」と尋ねると、みんな当然のように知っていました。国会に出ていれば議決の投票もあるのだから、ある程度は知っているのが当然です。それなのに立憲民主党は知らんふりをして、なにかのんきなことを言っているのですからまったくの的外れです。テレビも新聞もこういうことをきちんと伝えなければいけません。2018年の法改正なのだから、決して昔の話でもないのです。

誤解を恐れずに言わせてもらえば、旧統一教会と政治の関係などは非常にマイナーな話で、それに頼って選挙を戦っている人などはいません。50年60年前には結構な力を持っていた時代もありましたが、今はまったくそんなことはありません。それでも政治家は、一定の票はあるかもしれないと思うから適当にほどよく付き合ってはいます。

安倍さんが統一教会系の集会にメッセージを出していたから「密接な関係だ」などと言

われましたが、そのときにはトランプ大統領も祝辞を出していたのです。それは宗教がかった話ではなく、ごくふつうの儀礼的なことに過ぎませんでした。

マスコミや一部野党はひとたび問題が起これば、悪そうなところだけを取り上げて「大変だ、大変だ」と言うのですが、そういうときに似たような他の事例も一緒に調べてみれば、たいしたことでないとすぐにわかるでしょう。

第五章

２０２３年をうまく生き抜くための基礎知識

少子化対策の必要はない

小池百合子東京都知事は2023年冒頭の職員へ向けたあいさつのなかで、少子化対策として18歳以下への月額5000円給付を表明しました。

これが実際に少子化対策になるかといわれたら、どこまで効果があるのかはわかりません。そもそも少子化対策については多くの人がいろいろなことを言いますが、エビデンス・ベースド・ポリシー（証拠に基づく政策）ということを考えたときに「こうした対策を講じればこのような結果になる」ということはよくわかっていません。やってみないことにはどうなるかがわからない政策ばかりです。少子化というのは基本的に人間の本質的な営みに依拠する話ですから、お金があればいいということでもなくて、これがなかなか難しい。

加えて言えば、少子化対策が本当に必要かというのもかなり微妙な話になります。政治目標としては必要なのでしょうが、人口増加によって果たして本当に国富は増えるのかとなると、じつは少子化の状況と一人頭のGDPにはさほど相関性がありません。少子化になったからといって国が成長しないというわけではありません。GDP自体は給料×人数ですから人口が多ければ多いほどＧＤＰは伸びますが、本当の国の豊かさは一人頭のＧＤＰによるものであって、それと人口の増減はあまり関係がない。それよりもむしろ人口が増えすぎることのほうが、昔から問題視されてきたのです。食糧やエネルギー、住環境などを考えれば当然のことでしょう。

人口が減ることに関しては、現実には機械化投資をしたりすることで補うことが可能です。だから少子化が本質的な大問題なのかといえば、少なくとも経済的な意味ではたいしたことではありません。一人頭のＧＤＰが変わらないということは、一人頭の税収も変わらない。「少子化によって年金が崩壊する」などとも言われますが、実際にはまったく崩壊しません。将来、少子化がどのように進むかは現状の出生数などから簡単に予測できるので、その予測に合わせた年金政策を行えばいい。その意味でむしろ対応が簡単な問題だといえます。

政治課題としては少子化問題というけれど、それをどこまでまともに取り上げるかは人によって違ってくる。だから少子化問題についてどこまで力を入れるかというのは、経済政策ではなく政治パフォーマンスなのだろうと私は思っています。

小池さんなどはなおさらそうでしょう。彼女の特色は政治政局に対する独特の嗅覚です。東京都の財政は豊かだから月額５０００円程度であれば総予算の１％ぐらいしか変化はありません。だからいつでもできるのですが、それを今のタイミングで「東京都は国に先立って少子化対策を行います」と表明したのは、やはり小池さんの嗅覚によるものだと思われます。

小池百合子が自民党・二階派の後継者に？

２０２３年4月の段階では岸田政権の支持率が上昇傾向にあり、「増税をお願いするにあたっては解散しなければいけない」とも言っていることから、5月の広島サミット後に解散があっても不思議ではない。そのときに向けて自身はどうふるまうかというところまで小池さんは見ているのではないでしょうか。

たとえば、現状だと自民党の二階俊博さんのグループを誰が継ぐかがわかっておらず、そこに小池さんが舞い戻ってくるということが、ひょっとしたらあるのかもしれません。小池さんは風を起こしたり、風を感じてそこに乗っかるのがうまい人なので、そうするとこの時期に「少子化対策として月５０００円」と言い出したのも、これから先の政治的パフォーマンスの序章なのではないかと、ついつい疑ってしまいます。

小池さんはこれまで独特の嗅覚で生きてきた人だから、その小池さんが動けば何か政局があるかもしれないと考えるほうが合理的でしょう。実際にどのように考えているかは本人のみぞ知るところですが、そういった政局を見ながらいろいろなことをやってきた人であることには違いありません。

独自に明確な政策を持っていない人だというのはたしかなことで、国会議員の時代にやったことといってもクールビズぐらいしか思い浮びません。それでもいろいろな局面には顔を出してきて、小池さん自身が目立つようにふるまってきました。

国政復帰について質問すれば、本人は「ない」と言うでしょう。しかし、そう言ったからといって本当にないとは限らないのが政治の世界です。

2017年には『希望の党』を立ち上げて衆議院選挙に挑みましたが、ああいったことがまたあるかもしれません。そういうことを小池さんは狙っているのではないかというのが「月5000円」の裏側に見え隠れしているような気がします。

国政進出ではなく、東京都における築地市場の豊洲移転問題のときのようなビッグプランをなにかしら考えている可能性もあります。いずれにしても、小池さんがなんの計算もなく動くとは思えません。しばらくおとなしかったぶん、その内側にはマグマのようなものが溜まっていて、いつかボーンと爆発するでしょう。ここぞというときにカメラの前でど真ん中に立つことが得意な人ですから、政局になりそうにないときに自ら積極的に動くこともしません。逆に言うと、動いたということはなにかを起こそうとしている可能性が高いように思います。

自身の政策を持っていない人で、都知事としては環境省の人がブレーンについていることからソーラーパネル設置義務やガソリン車の撤廃、受動喫煙防止の徹底などエコ関連の政策が目立ちます。それぞれ政策への賛否はあっても、そこは小池さんにとってさほど重要なことではありません。なにかの政策を打ち出して、話題になることが最大の目的なので、言ってしまえば政策ブレーンは誰でもいいのです。

だから小池さんがどのような政策を行うかは、ブレーンに誰がつくかによってまったく違ってくるでしょう。じつは昔、小池さんが自民党の総裁選で清和会に推されて出馬するとなったときに「髙橋さん、公約をつくってよ」と直接言われてつくったことがありました。

東京都知事選のときにもそれとなく声をかけられたのですが、すでに環境省の人がついたので関わりませんでした。その環境省の人が悪いということではなくて、後から政策ブレーンとして入っても前からいる人のやっていることが優先されますから、それを上書きするまでのことはできない。そこに入ったところで、ただ名前を使われるだけだと思ってお断りしたというだけのことです。

今後改めて小池さんが国政に出ることがあったとして、そのときに優秀な政策ブレーンがついていたならば、もしかするとかなり優れた政治家として力量を発揮するのかもしれません。

人口が半減しても問題ない

2023年の国会冒頭で岸田さんは、「異次元の少子化対策」などと言って批判や嘲笑を浴びました。これに便乗するように甘利明さんは、出演したテレビ番組のなかで「異次元の対応をするというなら、たとえば児童手当なら財源論にまでつなげていかなければならない」として、将来の消費税率アップにまで触れたといいます。

繰り返しになりますが、少子化対策というのは政治課題ですから、それが消費増税の話になるというのはおおいに議論の余地が残ります。確実に効果が期待できるというのであれば増税をしてもいいのかもしれませんが、少子化対策については世界中を見渡しても「これをこういうふうにやったらうまくいく」という先例がないのです。

それに対して、「消費税を上げよう」という話が出てくるのは、どうしても少子化対策よりも、増税をメーンに考えているように見えてしまいます。

とにかく財務省の魂胆は、どんな理屈をつけてでも増税に結び付けたいというところにあります。それで観測気球として甘利さんのような財務省に近い人に、増税のことを言わせているのでしょう。もともと甘利さんはそれほど財務省寄りの人ということではなかったのですが、どういう風の吹き回しかは知りませんが最近は違ってきているようです。

少子化問題については、多くの人が「絶対解決しなければならない」「解決しなければ国がなくなってしまう」などと言います。「今世紀末には人口が半分になる」などとも言われますが、日本の人口は現状で約1億2千万人。これが半分になったところで、もともとがすごく大きな国なのです。先進国で比較してみると、日本とほぼ同じぐらいの国土面積であるドイツの場合、2022年の人口が約8390万人。日本よりも面積の大きいフランスは約6560万人と、日本の人口のほぼ半分です。だから、日本の人口が仮に半減するのだといっても、そんなに焦るようなことではありません。経済の面で少子化がそれほど大きな問題でないことは先述した通りです。

逆に少子化によってよくなることもあって、たとえば一人当たりの居住面積が広くなります。以前は外国人から「日本人はウサギ小屋に住んでいる」などと言われたものですが、それが解消され、満員電車や交通ラッシュも緩和されるでしょう。

また少子化が進むことは、逆に産業の機械化が進展するきっかけにもなります。少子化が進んでいる国というのは日本以外に、世界で20～30カ国あって、特に東ヨーロッパに目立ちます。そしてそれらの国を見てみると、ＩＴ化がすごく進んでいるのです。そうしてみると、少子化といっても暮らしの面ではたいした問題にはならないように思われます。

少子化対策として「移民政策」を強調する人もいます。しかしＩＴ化や機械化が進めば、移民に頼る必要性は減少しますから、移民は今後少なくなるでしょう。「少子化がこのまま進めば日本という国が滅亡する」という言い方をする人もいますが、これまでに少子化が外的要因となって滅亡した国などはありません。

少子化によって税収が下がることが問題だという声もありますが、しかし人口が減れば行政サービスも少なくなるのだから、これも大した問題にはなりません。問題となりそうなのは国防の部分ですが、少子化は各国で進んでいることですし、そこは機械化などで対応して、無人機や自動運転の分野を発展させていくことになるのでしょう。

あるいはロボットを人として勘定すれば、それほど少子化に危機感を覚えることはないという考え方もあります。実際にも、業種によってはロボットで代用できるものも多いのです。家事も機械化が進んでいるし、バスやタクシーも遠くない未来には自動運転になる。警備もロボットに任せられる。そういうところでの人手も今後はどんどんいらなくなってくるのです。

マイナンバーに反対するのは在日の人々

機械化やＩＴ化と近い話としては、「マイナンバーカードと健康保険証の一体化」があります。これに対して強く反対している人もいますが、ネットでおもしろい反対の理屈を見かけました。

一つは「どうせ中国がいろいろ管理することになって国民の情報が駄々洩れになる」というもの。

しかし、ふつうに考えれば中国がデータ管理するなどということはあり得ません。マイナンバーカードは公共インフラですから、経済安全保障法の観点からしても、そのサーバーを中国などの外国へ持って行くことなどはさすがにありません。

「どうせ健康保険証に紐づけした次には資産や銀行などにまで紐づけして、そこで政府は預金封鎖を狙っている」というのもありました。

預金封鎖というのは銀行預金を差し止めるという意味で、戦後間もない頃に1回だけ行われたことがあります。しかし、現状は預金封鎖をするような経済状況ではありませんし、今これをやろうとすれば、新規立法が必要となります。しかし、こんな法律に賛成する議員はいるはずがありません。いずれの反対理由も、とんでもないデタラメな空論です。

政党でこれに反対したのは案の定というべきか、立憲民主党と共産党とれいわ新選組でした。

なぜこれらの政党が反対をするのかというと理由は明らかで、実はこの人たちは在日外国人たちからの支持を受けているのです。在日の人というのは本名ではない通称名称、いわゆる「通名」をよく使っています。通名利用といっても日本人にはピンとこないかもしれませんが、在日外国人はこれまで住民票や健康保険証などで通名を使うことができました。

戦後の歴史的な経緯もあって、本人確認をあまり厳密には行わずに通称名称でもいいということにしていたのですが、しかし健康保険証には顔写真がありません。実はそのせいで保険証の不正利用が横行していました。

顔写真がなくて通名でもOKという、かなりアバウトな管理であったにもかかわらず、健康保険証は本人確認の書類になっていたりもします。これにはいろいろと問題があり、不正利用の規模も大きい。今回、その健康保険証をなくしてマイナンバーカードに移行しようということになった裏には、そうした不正利用への対処という意味もあったのです。

本名でなければ本人確認ができないということで、マイナンバーカードはすべて本名の記載になります。そのマイナンバーカードに健康保険証を移管する形になると、今まで通名でいろいろなことをやってきた人はそれができなくなる。これがマイナンバーカードと健康保険証を一体化することの一番の理由です。

マイナンバーカードによってデータをデジタル化することになると、これまで行われてきた健康保険証の不正利用はかなり減らせるはずです。しかし、「それでは困る」という人がたくさんいます。マイナンバーカードでは本名も通称名称も全部書いてあって、顔写真も付いている。さらに本人確認はすべてＩＤで行われる。そうなると保険証を利用するときには本人が特定されることになり、それで困るのは本人以外がその保険証を利用する場合だけです。

「本人確認というなら健康保険証に顔写真を付ければいいだろう」と言う人もいますが、やはり通名だけの記載だと管理は難しい。きちんと本人確認するためにはなんらかのＩＤに紐づけをする必要があって、そのためにはやはりマイナンバーカードへの移行が必要になるのです。

政府もこれまで健康保険証を本人確認の書類として使っていたことの不備は知っていて、それをどういった形で正していこうかと考えていました。それで健康保険証をマイナンバーカードに移行することにより抜本的な解決をしようというのが本音のところなのです。厚生労働省には本人確認を行うための機能がないので、デジタル庁をつくってマイナンバーカードを利用することにより、それができるようになりました。

これからマイナンバーカードを中心にして身分証明をやっていくことになると、いい加減に保険証をつくることは難しくなるし、おそらく不法にクレジットカードをつくることもできなくなるでしょう。こういったことは日本人にとってなんの支障もないし、いろいろとガラス張りになって不正が減るのはよいことです。健康保険証の不正利用などふつうに生活している日本人ならまずやることはないのだから、なんの痛みもありません。

しかし、今まで通名を利用していろいろなことをやってきた人にとっては、大変になるところもあるでしょう。そういう人たちは「プライバシーの問題」だとか「移行が面倒くさい」とかいろいろな理屈をこねますが、マイナンバーカードは英語でいうところのＩＤです。ＩＤで保険証や運転免許証、銀行口座、クレジットカードなどを紐づけるというのはどこの国でもやっていることで、これをやらないことにはいくらでもなりすましができてしまいます。

このようなことを私がツイートすると、あるマスコミの人が「絶対にこの話は地上波テレビで放送できません」と言ってきました。なぜかといえば、マスコミのなかにも通名でやっている人がたくさんいるからです。

当たり前のことがマスコミでは言えないというのだから、嘆かわしい限りです。

インボイス制度＝ふつうの商取引

マイナンバーカードの件と同様に一部野党が反対するものに「インボイス制度」があります。

インボイス制度とは2023年の10月からスタートする制度で、インボイスというものを発行するためには2023年3月までに税務署に申請する必要がありました。

インボイスという単語自体に馴染みがないという人もいるでしょうが、消費税を導入している国のほとんどすべてにインボイス制度はあります。インボイスがなければ消費税がきちんととれない、というのがふつうの考え方だからです。

なにか新しい制度のように思うかもしれませんが、そうではありません。ふつうは商取引を行う際に、すべて請求書のやり取りをします。その請求書のなかに税金を書き入れることで基本的なインボイスはできます。だから通常の商取引とインボイス制度はまったく矛盾しません。要するに取引間で発生する消費税の金額がはっきりとわかればいいというだけの話なのです。

言い換えれば、「請求書には消費税もきちんと書きましょう」ということです。新たに企業番号などの追加が必要にはなるのですが、まっとうな商取引を行っている事業主であれば、今のやり方で基本的に問題はありません。

インボイス制度に反対する人たちは、「登録番号を取得することで国に管理されるのが嫌だ」というのですが、登録番号として請求書に番号を入れさせるのは、税務署が把握をするために通し番号がないとやりにくいからやっているだけのことに過ぎません。

これまでにきちんと請求書を発行していたならば、なんら問題はありません。どこの国でも正式な請求書にはみんなそういったことを書いていて、インボイス制度が商取引の障害になっているといったことはないのです。

免税業者などには、これまで消費税に関連する作業をやらなくて済んでいたところもあるでしょう。しかし、免税業者のなかにも時々、消費税額分をお客さんからもらっておいて税金としては納めないという人もいたりします。そういったことを正当な利益だと勘違いしている業者がインボイス制度に反対しているのかもしれません。

「インボイス制度で中小企業は潰れてしまう」などといった批判の声もあるようですが、これで潰れるというのなら、今までの消費税の処理が誤っていたということなのです。インボイス制度を批判する前に、これまでの消費税の扱いがどうだったのか、企業経営全体の在り方を見直さなければなりません。ふつうに考えれば消費税というのは右から左へ流す性質のものですから、それによって会社が潰れるような話にはなりようがないのです。

インボイスの制度は、この前の消費税引き上げの法案で実施が決まっていたことです。特に軽減税率を導入した場合はインボイスがないと、税務処理がきちんとできません。税率が10％なのか8％なのかによって、本当に払うべき消費税の金額がいろいろ変わってくるので、そこをインボイスできちんと書いていなければわからないのです。

消費税率が一定であればすべてひっくるめて何％とするだけだから簡単に計算できますが、品目ごとに税率が違えば、控除する消費税の金額も変わってくる。そうすると、インボイスがないことには軽減税率が入れられない。逆にいうと、これまでは既存の取引のなかでみなさんがそれぞれ工夫してインボイスをやってきたものを、きちんと制度化しようということ。消費税がある以上、インボイスは必須の制度で、だからこそどこの国でも取り入れているのです。

これを問題視して「中小企業が潰れる」と言うのならば、今までどれほど異常な商取引をしていたのかという話です。もしも、すべての取引を請求書なしのどんぶり勘定でやっていたのだとすれば、インボイス制度になれば難しいことになるでしょう。しかしふつうの商取引として考えれば、そんなどんぶり勘定のほうが問題なのです。だからそんな企業があったとすれば、この際すべてのやり方を見直すべきです。

仕入れをするなどの業者間取引で、ふつうに消費税を払っていればどうということはない。一般の消費者にとってはまったく関係のない話なのですが、そんなインボイス制度に反対する政党や議員がどんな人なのか、それを後援する人や企業はいったいどんなところなのかと見定める意味では、役に立つ制度といえるのかもしれません。

転売ヤーの片棒を担いだアップル・ジャパン

２０２２年12月、アップル・ジャパン社が東京国税局の税務調査を受けて、およそ１３０億円の消費税を追徴課税されたことが発覚しました。私としては「ついに出てしまったか」という感じです。

アップル・ジャパン社では日本でアイフォンなどの製品を、インバウンドのお客さんに対して「消費免税」ということで販売していました。通常販売よりも10％の消費税分だけ安くアップル製品を爆買いして帰国する人たちの目的が、自国での転売であることは明らかです。

本来ならば転売目的といったことに消費免税は適用されません。海外からの旅行者に対して「お土産」との名目で免税をするのは昔からやられていたことですが、それでもお土産といえば一人一個ぐらいのものでしょう。それなのに大量に買って、帰国後に転売をしていた。これを爆買いした人間ではなく、売ったアップル・ジャパン社に責任があるとして、追徴課税となったわけです。

その金額がおよそ１３０億となると、10％追徴ということだから売り上げとしては１３

00億円。アップル製品の平均単価は十数万円だから、ざっと100万台を免税品として売ったことになります。

これは2年間で販売した数と言われていて、日本では1年間にアップル社のスマートフォンが約1500万台売れますから、2年間の合計で約3000万台。そのうちの100万台が転売目的で買われていたというのです。これだけの数となれば、アップル側も知らないわけがありません。1人で何十台も買っていった人がいなければ、なかなか100万台もの数にはなりませんから、それがお土産のはずがないということは気付いていたはずです。日本のなかで売り上げを上げたいアップル・ジャパンの社員が、転売目的で買われていることをわかった上で免税販売をしていたとしか思えません。

外国人の転売ヤーにしてみれば、円安の影響も多少はあったのでしょうが、それでも基本的には10%安いというところが大きかったはずです。10%の利幅があれば日本国内で転売しても利益が出せるほどで、それを見込んでお土産用の免税制度を悪用してしまったということでしょう。

転売ヤーの中心が中国人であろうことは容易に想像がつきます。中国でアップル製品は人気があるから、それを爆買いして中国へ持って帰って転売する。基本的にアップル製品はユニバーサル仕様になっているので、言語や通信の部分をあまり気にしなければどこの国でも使えます。

新型コロナの流行のときにも、中国人が医薬品をゴッソリ買っていくという話がありましたが、あれも転売目的だったのでしょう。これについても免税申請していたのかどうかははっきりとわかりませんが、免税でやっていたのだとすると、やはり問題です。

世界的に見ても外国人の免税制度はあります。しかしそれは、だいたいの場合「旅行中に使うものは無税にする」という制度です。それがだんだんと観光振興みたいな意味合いとなって、日本の場合は幾分規制が緩くなっていました。インバウンドがものすごく増えて、観光地へ行くと日本語でない言語が飛び交っています。だから爆買いに対しては輸出と同じ制度にすればいいのです。つまり、ふつうに消費税を払えということで、日本人が海外で買い物をして帰るときに「いくら以上買ったら関税がかかる」というのと同じです。

日本政府は今後もインバウンドに期待しているようですが、他国との交流が盛んになって物品の売買が輸出入と同じようなことになれば、外国人の優遇措置というものがどこまで必要かという議論や法的な見直しが必要になってくるでしょう。

ネット売買にも消費税を

国内の転売ヤーについてはさすがに免税制度を悪用したということはないのでしょうが、それでもアップル製品などの人気商品をしこたま買い入れて、ネットのフリマサイトやオークションサイトなどで高く転売するというのはよく聞かれる話です。

現状では、こうしたネット取引において個人に消費税がかからない。かからないというか実態がよくわからないので、消費税を申告することなく売買が行われているケースが往々にしてあるようです。これについては電子取引が進んでくれば、個人の売買も追跡できるようになります。今後は、そのような電子取引における消費税についても検討課題になってくるでしょう。

転売ヤーのやり口に対しては批判の声も多いのですが、そこは事業として税金できちんと取れるようにすればいいのだろうと思います。転売目的といっても、一般の卸売り問屋と同様に、安く買って高く売るという商売をしているのと同じだともいえます。転売自体を規制するといっても、その理屈は一般の商売と同じですからなかなか難しい。それならば、転売行為においてもフェアに税金をとることのできる仕組みをつくることを考えたほうがいいというのが私の考えです。

電子決済が進めばそういったこともできるようになるはずで、アップルの問題が電子取引法制化の契機になれば、その意味で好都合だったとも言えそうです。

変動金利ローンでリスクを負うのは借り手側

住宅ローンなどを組むときに、銀行のほうから「みなさん変動のほうを選んでいますよ」と言われて変動金利でローンを組んだという人は多いでしょう。しかし、これは銀行の口車に乗せられたのかもしれません。

金利には2種類あって、30年ローンなら30年間ずっと同じ金利というのが固定金利。変動金利はローンの年数にほとんど意味がなくて、一般的には半年ごとの金利見直しになります。

お金を借りる人から見たときに、給与が安定的なサラリーマンのような人は固定のほうが支払いの目算が立てやすくていいでしょう。変動金利で困るのは、半年ごとに金利の見直しがあって、そのときに一般的な金利水準が高くなるとローンの金利も高くなる。一般的な金利水準は実際の景気とかなり連動するもので、景気がよくなれば金利は高くなるということです。そのような金利の上昇率を考えたときに、景気がよくなっても自分の給料が上がらないような職種の人は、変動金利だと自分の給料はそのままでも金利が高くなることになります。

だからローンを組むときには金利の変動幅を見て、自分の給料がそれに対応できるかどうかということをまず考えなければいけません。そこを考えずに「当面金利は安いままだろう」「変動金利のほうが金利は低いから」と思ってローンを組んで、後ですごく金利が上がってしまって大変になるというのはよくあることです。

ではなぜ、固定金利と変動金利の2つのタイプがあるのかというと、実はそこに金融機関サイドの事情があります。そこがわかれば、どうして金融機関が変動金利を勧めるのかがわかります。

金融機関のバランスシートを考えたときに、金融機関の負債というのは預金になります。資産のほうは保有する有価証券と貸付です。

このときに預金は、金利が上がる場合も下がる場合もあります。1年ごとの短い期間でコロコロ変わるので、そうすると貸付金利も1年でコロコロ変わったほうが金融機関としては対応が楽になる。1年経って預金金利が上がったときに、固定金利だと貸付金利は上がらないので、その金利差のぶんだけ金融機関は損をしてしまいますが、このときに貸付金利も同じように上げられたなら、リスクをとらずに済む。だから多くの金融機関は変動金利ばかりを勧めることになるのです。

長期固定金利の場合だと、預金金利が短い期間でコロコロ変わることは絶対に避けられませんが、それでもずっと同じ金利で貸し出すということは、金融機関がリスクをとることになります。

つまり金融機関はリスクをとらずに済むように、長期の貸付で固定金利ではなく変動金利を勧めるのです。預金金利が変わったときに貸付金利が一定のままで変わらなければ、その時々で収益が変化してしまいますが、変動金利であれば金利の変化に対応できるので収益が安定するという理屈です。

固定金利は金融機関がリスクをとるから、そのぶん最初の段階では変動金利よりも少し高い金利になっている。これがリスクをとることの対価になっているわけです。そして変動金利のほうは金融機関側がリスクを取らないぶん名目金利は低くなっているのです。

リスクというのは必ず誰かがとらなければならないものです。では、誰がリスクをとっているのかといえば、それは変動金利で金融機関から借りている利用者です。金利が上がったときに、自分の給料が変わらなくてもそれは払わなければならない。変動金利では金融機関自体はリスクをとらずに、貸している相手にリスクをとらせているのです。

だから銀行から勧められるまま、あまり深く考えずに変動金利でローンを組む人は「目先の金利が安い」ということにダマされて、リスクをとらされた人ということが言えるのかもしれません。

この何年かはずっと金利が上がっていなかったから、リスクをとったほうが正解だったと言えます。しかし今後、金利が上がる状況になったときには、リスクが顕在化することにもなるのです。そして現実をみれば、金利が上がる可能性はどんどん高まっています。

アベノミクスの10年間は政策の方針として金利を動かさないということでやっていたから、可能性はほとんどありませんでした。しかし、これからアベノミクスが終わった時代になれば、ここで変動金利のローンを組んでいる人たちにリスクが被ってきます。

だから、今後は金利の上下を意識して、場合によってはすべて固定金利にかえるというような選択肢があってもいいのかもしれません。

アメリカでは、２０２２年秋ごろに住宅ローン金利が７％台にまで上がりました。その後は多少落ち着いていますが、日本がその頃、変動金利が０・５％前後だったことに比べれば、はるかに高かったわけです。金利上昇に合わせて給料も上がればそれでもいいのですが、そこは金利の変動幅に依存します。

変動金利はいろいろな指標から計算されていて、すごく金利が動きやすいタイプと、あまり動かないタイプがあります。すごく上がるタイプだったら、金利が上がるときに自分の給料もよほど上がらないことには大変なことになります。借入金額が大きいと、それまでの何倍というレベルの利払い費になるかもしれません。そうなったときには、自分の給料にかなりの余裕がなければ耐えられなくなってしまいます。耐えられないとどうなるかというと、金融機関のほうでは不動産を担保にしているので、利払いができなくなればその不動産をとっていくことになります。

だからといって今すぐに固定金利に切り替えようとしても、それは金融機関からみれば自分たちがリスクを負う形ですから、そこは交渉になります。金融機関もいいお客さんに対しては「まあ固定もしょうがないな」と切り替えを承諾するでしょうが、特に重要でないお客さんに対しては「切り替えはしません」と言うかもしれません。金融機関も商売で、固定と変動ではリスクを誰が持っているかが非常に明解だからです。

リスクに耐えられない人は、金融機関にリスクをとってもらうために、なるべく固定に変えたほうがいいでしょう。「この先、景気が良くなれば給料も上がってボーナスも増える」という見通しが立っているなら、最初の金利が低い変動金利でローンを組むというのも一つの考え方です。

老後の備えは投資でも年金でもない

２０２３年度の公的年金の額面上の支給額が、３年ぶりに引き上げ改定されます。ただし、これは特に政府ががんばったという話ではなく、年金支給額の算定の際にはインフレ率を加味しますから、インフレになっているぶんに合わせて上がったというだけのことです。

テレビや雑誌などではよく「老後の備え」という言い方をします。そこでは「老後のための投資」などと言われたりもしますが、すぐに飛び付くのではなく、いったん考えたほうがいいでしょう。

なぜ金融機関がわざわざテレビＣＭをうつなど広告宣伝してまで投資をさせようとするのかといえば、利用者たちだけにリスクを負わせて自分たちが楽に儲けられるからです。リスク計算がしっかりできる人ならともかく、そうでないなら投資はあまりお薦めしません。

「老後の備え」という考えは、多くのサラリーマンは一般的に65歳で定年になりますから、その後に仕事がないことの不安から出てくるものでしょう。しかし、自営の人ならば一生ずっと働くことも珍しくありません。そういう人は「仕事がなくなる」ことへの不安はあっても、ことさらに「老後だから」といって心配はしていないはずです。

だからサラリーマンの人も同様に、老後の心配をするよりも働けるうちはずっと働いて、それで働いているうちに死んでしまう、というほうが話は簡単です。

定年を一つの基準として考えると、その先の老後が大変に感じるのかもしれません。それに対して、自営業である私からのアドバイスをすると、「まだ65歳の定年まで時間がある人は、定年後に自営でなにができるかということを考えておくのがいい」ということになります。

自営というと大変に思うかもしれませんが、それでもご両親や親戚、友人知人などを見渡してみれば誰かしら自営の人はいるでしょう。自営は自分でやろうと思えばすぐにできますから始めること自体は簡単です。

そのときになにが儲かるのかということは軽々に言えませんが、自分が好きなことのなかで多少なりともお金になることを見つけて、それを細々とでもいいからやっていくというのが一番簡単なやり方だろうと思います。そうやって稼ぐあてができたなら、老後の備えのことを考えなくていいはずです。趣味を活かしてお金になるならそれもいいし、もしも土地を持っているなら不動産のオーナーをやるのも自営です。そうやって自営でなにができるかを、サラリーマンのうちから考えておくのがいいように思います。

いきなり定年間近になってからなにかをやろうと思っても、それはなかなかできません。普段から「親がどんなことをやっていてどんな資産を持っているのか」を確認しておくとか、「自分はどんな仕事が向いていて、どんな仕事が好きなのか」を考えて、それを仕事にするつもりでまじめに取り組んでみることです。

すごくいい会社に勤めているのであれば、もちろん年金だけで暮らしていくというのも一つのやり方ですが、そうでないなら働ける限り働いて、ピンピンコロリが一番簡単だし、自分にとっても楽でいい。定年後に自営をするにしても、病気やケガなどによって途中で働けなくなることを前提として老後の心配をする人もいるでしょう。しかしおそらく働いているほうがいつまでも生き生きとして元気だったりするものです。それに本当に困難な状況になれば、社会保障などのセーフティーネットもいろいろとありますから、前もって調べておけば、それが一種の保険のようなことにもなります。

「年金だけでどう暮らしていくのか」「なにか投資をしておいたほうがいいんじゃないか」などと考えるよりも、ずっと働くことのできる環境づくりを考えておくほうがよほど簡単だし、自分の人生にとって大切なことです。

専業主婦の人も年金はもらえるけれど、そこはいくらか不利には違いありませんから、子どもが手を離れるなどした時点から自営を始めればいい。とにかく老後を保険や保障に頼ることよりも、老後の人生をどのように形成していくかを早いうちから考えておくのです。

「年金だけでやっていけるのか」「年金は何歳からもらうのが得か」などといったこともよく聞かれます。しかし、これも年金以上に稼ぐことができればなんの心配もなくなります。私も年金受給資格者ですが、もらう金額以上に税金を払っています。そうやって仕事を続けていけばいい。やはり仕事を持つことが、一番簡単な老後の備えなのです。

ちなみに年金というのは長生きすればするほどたくさんもらえて有利になり、早く死んでしまえば全然もらえないという保険制度です。そうすると老後の年金を心配する人は、長生きすることが大前提としてあるわけです。

しかし私からすると、長生きすることよりも長く働くことのほうが大切なことにように思います。早く死ぬことが前提ならば年金については心配もいりませんが、そこはどうなるかわからない。だからサラリーマンのうちに手に職をつけて、早いうちから自営ができる状態をキープしていくことを考えたほうがいいでしょう。

マンション投資はアリ？　ナシ？

近年、都心のマンション価格の上昇が続いています。その理由としては需要が高いからだとしか言いようがないのですが、マンションの場合は一戸建てとは違い、自分で住むためだけでなく、投資用として値上がりだけを狙って購入されている面もあります。値上がりしたら転売するという戸別販売ができるので、マンション自体が投資対象になりやすく、その意味では株式と似ています。

投資に興味を持つ人が増えていて、そのため最近ではマンション投資の小口化がかなり進んでいるようです。マンション一戸を買うのではなく、細分化して小口にわける。そうすると、不動産投資信託とまったく変わらないものになるわけです。少額の投資対象を求めている人たちにまで間口を広げてそういったことが行われているために、都心マンションの値段が上がっているという面はあるでしょう。

コロナ禍を経てリモートワークが一般化してきた今、単に住居としての実需だけではなかなか値段は上がりません。郊外でも仕事ができるようになってきたため、都心のマンションに住むことのインセンティブは以前よりも下がっているはずです。本当に住むだけならば、都心の狭いマンションよりも郊外の戸建てを買い、そこでリモートワークを行うほうが理にかなっています。それなのに都心のマンション価格が上がっているということは、やはりそこには短期間での利益を見込んだ投機的な動きがあるということなのです。

投機として見た場合には、いつか都心のマンションが値下がりすることもあると心得ておかなければいけません。投機であれば、投資対象が変われればマンション価格は下がりますし、調達コストなどの影響を確実に受けます。儲かるとなればお金を借りてでも投資しますが、そのときに金利が高くなればお金を借りて投資するメリットが減り、そうすると途端に価格が下がったりもします。

本当に居住を目的とした売買によってマンション価格が上がっているときには、そのような投資理論は必ずしもあてはまらないのですが、投資目的となるとその物件を購入する場合に、将来にわたって家賃収入などでどのくらいの利益が出るかということを考慮したうえで物件の価値が決まる。そこが金融投資での利回りにあたります。

自分で住まないことが前提ならば、人に貸すことでの家賃収入が目的になります。その場合、たとえば5年後の家賃収入と今の家賃収入を比較して、投資用に借りたお金の金利が高ければ、そのぶん5年後の家賃収入は割り引いて考えなければいけません。金利が高めのときには、家賃収入が今と比べて高くなっていかないと今と同じ収入にはならないからです。

投資物件としての価値は、これから稼ぐことのできる収入を分子にして割引の金利を分母にして計算すると、かなりの確率で予測できます。そう考えると、金利が低いときには投資価値が高いということになりますが、今後、金利が上がれば当然投資価値は下がります。

岸田政権は利上げの方向へ進んでいますから、そうすると今後の投資価値は下がっていくことになるでしょう。

投資のプロたちからすると、そのことが世間にバレる前に売り抜けたいという思惑もあるはずです。これからマンション投資を始めようという人は、不動産業者の売り文句をそのまま信じるだけでなく、こうしたことを考えておかなければいけません。

バブルはいつでも起こり得る

ここで、かつてバブルの頃に不動産価格が上がっていたのはどういう理屈だったかということも説明しておきます

日本のバブル期においては収益の見通しなどまったく関係なく、「とにかく不動産の価格は上がります」ということが前提に立っていたために、異様な高騰が続きました。そこには理論も理屈もありません。なぜ価格が上がるかについての理論的な根拠も明確な説明もないままに、ただただ「価格が上がるから」という一種の神話のようなものをみんなが信じ込んだときにバブルは起こるのです。

根拠がなかったにもかかわらず、金融機関がどんどん無制限にお金を貸したから相乗的に値上がりしていった。金融機関にしても土地の価格や株価がどんどん上がるものだと信じていて、それを前提として無制限にお金を貸していました。だから、金融機関がこうした流れを自作自演でつくり出したという面もあります。金融機関がプッシュするからそれをみんなが信じてお金を借りて、不動産や株式への投資をしてしまったという事情があったわけです。これによって、この時期の金融機関は大儲けをしました。しかし、最終的に

バブルが弾けて、不動産価値があっという間に下がってしまうと金融機関も大量の不良債権を抱えることになりました。

金融機関が不動産業者に貸す融資額の上限を決める「総量規制」の話が出てきたことで、みんなが不動産神話に不安を覚え始めたことが、バブル崩壊のきっかけになりました。

総量規制が行われた理由としては、「みんな、いったん冷静になれ」といったぐらいのことだったのですが、そこで冷静になっ多くの人たちが、「こんなに上がるわけがない」「この値上がりは異常だ」と思うようになってしまいました。

バブルというのはいつだってそんなものなのです。なにかのきっかけで、みんな合理的な判断ができなくなってしまい、不可解な前提に立っていろいろな売買が行われる。これは不動産に限らず、あらゆる投機的な物事に関しても同じことが言えます。

なにかが高騰していると聞いたときには、「投資しなければ損だ」と慌てて飛びつく前に、いったん合理的に考えてみることが大切なのです。

自然災害に備えない政府

将来のリスクを考えるときに、忘れてならないのが自然災害です。自然災害は忘れたころに必ずやってくるものですし、その影響は計り知れません。

１７５５年のリスボン地震は東日本大震災にも匹敵する規模だと推定されていて、ポルトガルの首都リスボンでは多くの人命と資産が失われました。当時、ヨーロッパ随一の海洋帝国だったポルトガルの衰退は、この巨大地震が契機になったのだとも言われています。日本でも東日本大震災からはまだ復興のさなかですし、１９９５年の阪神淡路大震災も完全な経済回復までには20年を要しています。

文部科学省の設置する地震調査研究推進本部は、今後30年以内に首都直下地震が発生する確率を70％、南海トラフ地震は20年以内に60％程度と予測していて、その被害額は首都直下が１００兆円、南海トラフが２００兆円以上になると推定されています。

この被害額とは道路や建物など、建築物を中心とした被害のことで、企業の生産活動や個人の消費が長期的に低迷することなどは含まれていません。それらを含めた場合の被害額は、政府想定の６倍以上になるという民間団体の試算もあります。

このような想定がなされているにもかかわらず、政府による震災への備えはまったく物足りないものです。公共事業関係予算を見ると、当初予算のピークは1997年度の9・8兆円、補正予算後のピークは1998年度の14・9兆円で、それ以降は減少が続き、当初予算のボトムは2012年度の4・6兆円、補正予算後のボトムは2011年度の5・3兆円でした。

第二次安倍政権では国土強靱化を掲げたことで、公共事業予算の減少に歯止めがかけられましたが、それでも2022年度の当初予算は6・1兆円、補正予算後は8・1兆円にとどまっていて、来るべき大震災への備えという点では不充分なままです。

私はこれまでに、公共事業の評価をする際に将来価値を現在価値に置き換える「社会的割引率」について、国土交通省が採用している「4％」が高すぎることを指摘してきました。

社会的割引率とは、長期にわたる公共事業で毎年発生する費用を算出する際に、将来の価値を現在の価値に置き換えるために設定した値のことです。本来は金利と同水準とされるべきもので、これを現実よりも高く設定してしまうと、公共事業の価値が実際よりも低く見積もられて、事業の採択率は低くなってしまいます。

国交省の採用している4％という割引率は2004年に定められたもので、この当時と現在を比べれば金利が大きく下がっています。だから当然社会的割引率も引き下げられるべきなのですが、国交省としてはこれをまともに見直す気がないようです。

本来、割引率は期間に応じた市場金利とされていて、海外では市場金利の変動に応じて、ほぼ毎年見直しを行っています。日本でも現在の低金利環境を踏まえて機械的に見直すならば、4％ではなく1％程度以下となるのが当然です。

1％以下となったときに、公共事業予算の採択は、現状と比べて2倍以上の大幅増が達成可能になります。こうした話は岸田政権下でも国交省関係者に話したことがありますが、快い反応は得られませんでした。

国交省のこうした態度は、本当に国土を守る気概があるのか疑問を感じざるを得ません。備えはできるうちにやっておかなければ、後で大きな悔いを残すことになってしまいます。

日本経済最大のプラス要因は岸田退陣

岸田政権下の日本経済は、どうにも明るい未来が見えません。

すでに長期金利は上がっているので、長期固定の民間金利も上がり、設備投資は伸びなくなるでしょう。為替についても、日本の金利が上がっていくという予想に立つと、円高に振れることになりそうです。円高になれば輸入品が安くなるからいいじゃないか、という人がいるかもしれませんが、自国の通貨高はＧＤＰのマイナス要因ですから、円高になってしまうと日本経済が減退することは間違いない。そうすると株価もあまり伸びないだろうという予想が立ちます。

それでも、こうしたマイナス要因をすべてひっくり返す手がないわけではありません。岸田政権を倒せばいいのです。つまり岸田政権をかえることが、一番の景気対策になるということです。

財務省の傀儡に堕ちてしまった岸田さんをトップから下ろして、その次も財務省の傀儡だったら同じことになってしまうかもしれませんが、それでも変わらないより変わったほうがいい。

実際に岸田政権のなかでも、萩生田さんが「増税前には解散総選挙をしろ」ということを言って、岸田さんもそれに対してあまり否定的ではありません。それで解散総選挙となれば、選挙前には自民党内で政策をすごく練りますから、そのときに岸田さんを下ろすか、立たせるという党内政局をつくり出して、政策を変更させる。そこで、「利上げはしない、増税もしない」ということで岸田さんに約束をさせれば、解散総選挙で勝つ確率は高くなります。そういう形で、自民党内の政局によって、増税と利上げを回避できれば、それが景気対策になる可能性はあります。

今の岸田さんは、取り巻きや親戚までが財務省の関係者で、そちらの話ばかりを聞いています。しかし、岸田さんも最後の最後はやはり政治家ですから「君子豹変す」ということがあり得るかもしれません。安倍さんといっしょに何度も岸田さんと話をしたことがありますが、たしかに人の話をよく聞く人ではあります。しかしそのせいで、すぐに自分の考えを上書きされてしまうのでしょう。今は財務省によって上書きをされてしまっているからなかなか大変です。それでも話を聞く人であることは間違いありませんから、ひょっとすると自民党内で叩かれたときにはいくらかの活路があるかもしれません。

そうしてアベノミクスが継続になれば景気もよくなって、雇用もよくなって、日本経済の爆上げが見込めるかもしれません。

まったく凝り固まった考えの人なら無理ですが、岸田さんは聞く人ですから、そこで誰の話をどうやって聞かせるかがポイントです。

とにかく、岸田さんの聞く力にかけるのか、岸田さんを取りかえるのか。日本の将来のためにもそのどちらかが必須です。今のままで放っておけば、予算はなんとか通過させても統一地方選挙ではあまり勝てずに責任問題となって、その後のサミットで勇退というパターンになる可能性は低くないように思います。岸田さんが自分で敷いた増税・利上げ路線を維持したままで政権を放り出すようなことになれば、日本経済はそこからまた、ずっと暗いままになってしまうでしょう。

次期総理が誰になるかはわかりません。自民党内の力学に従うならば茂木敏充さんとかそのあたりが出てくる可能性が高そうです。茂木さんでは、岸田さんと似たようなものかもしれません。それでも政治家というのは時々真逆にかわる人もいるものですし、そこに確証があるわけではないのですが、とにかく誰であってもかわるときにはチャンスがあるものなのです。

髙橋洋一（たかはし・よういち）

1955年生まれ。経済評論家、数量政策学評論家、元大蔵・財務官僚。大蔵省理財局資金第一課資金企画室長、プリンストン大学客員研究員、内閣府参事官（経済財政諮問会議特命）、総務大臣補佐官、内閣参事官（内閣総理大臣補佐官付参事官）、金融庁顧問、橋下徹市政における大阪市特別顧問、菅義偉内閣における内閣官房参与（経済・財政政策担当）などを歴任。近著に「円安好況を止めるな!金利と為替の正しい考え方」（扶桑社）、「髙橋洋一のファクトチェック2023年版」（WAC）などがある。

経済オンチでもわかる!
日本を好景気にするこれだけの提言

2023年6月15日　初版第1刷発行

著　者　髙橋洋一
発行者　三田浩生
発行所　株式会社　三交社
〒110-0015東京都台東区東上野1-7-15
ヒューリック東上野一丁目ビル3階
tel◎03-5826-4424　fax◎03-5826-4425
URL◎http://www.sanko-sha.com/
[編集協力]　早川満
[装丁]　福田和雄（FUKUDA DESIGN）
[本文デザイン&DTP]　武中祐紀
[印刷・製本]　中央精版印刷株式会社

Printed in JAPAN ISBN978-4-8155-4203-0 C0033